DON
BOSCO

Elke Gulden
Bettina Scheer

BEWEGUNGS-HITS FÜR JUNGS & Mädchen

Lässige Lieder und Spielideen
für Kita und Grundschule

DON
BOSCO

Elke Gulden ist Tanzpädagogin und staatlich geprüfte Gymnastiklehrerin. Bekannt durch ihre zahlreichen Fortbildungen zur musikalischen Frühförderung, zum kreativen Kindertanz und zum Kinderyoga. Sie lebt in Stuttgart.

Bettina Scheer, Studium der Grundschulpädagogik, gibt Fortbildungen für ErzieherInnen und SpielgruppenleiterInnen zur kindlichen Sinnesentwicklung und ganzheitlichen musikalischen Früherziehung. Sie lebt im Saarland.

Gerne nehmen wir Ihre Anregungen, Wünsche, Kritik oder Fragen entgegen:
Don Bosco Medien GmbH, Sieboldstraße 11, 81669 München
anregungen@donbosco-medien.de
Servicetelefon (089) 48008-341

Bibliografische Information der Deutschen Nationalbibliothek
Die Deutsche Nationalbibliothek verzeichnet diese Publikation in der Deutschen Nationalbibliografie; detaillierte bibliografische Daten sind im Internet über http://dnb.d-nb.de abrufbar.

1. Auflage 2014 / ISBN 978-3-7698-2088-1

www.donbosco-medien.de
Umschlag und Layout: ReclameBüro, München
Zeichnungen: Christian Badel, Berlin
S. 13, 14 li: Liliane Oser, Hamburg
S. 48, 56: Gabriele Pohl, München
Fotos: Gregor Gugala
Notensatz: Nikolaus Veeser, Schallstadt
Satz: Don Bosco Medien GmbH, München
Produktion: Don Bosco Druck & Design, Ensdorf

Gedruckt auf umweltfreundlichem Papier

INHALT

VORWORT

Ein Buch mit dem Titel „Bewegungshits für Jungs“ und der (kleineren) Ergänzung „& Mädchen“ – was bedeutet denn das? Soll diese optische Differenzierung etwa signalisieren, dass sich der Inhalt in erster Linie an Jungen richtet? In der Tat tut er das. Selbstverständlich sind alle Mädchen herzlich eingeladen mit zu singen, zu tanzen, sich zu bewegen und zu musizieren. Der inhaltliche Ansatz jedoch richtet sich dieses Mal vorrangig nach den vermeintlichen Bedürfnissen von Jungen.

Bei keinem unserer anderen Bücher hat ein Titel für so viel Diskussionsstoff zwischen Autoren, Lektorat, Marketing und Vertrieb gesorgt wie dieser. Kontroverse Meinungen haben zu äußerst interessanten und spannenden Gesprächen geführt.

Jahrzehntelang haben Pädagogen dafür gekämpft, stereotype Meinungen über die Rolle der Geschlechter aufzulösen. Und doch gibt es in vielen Erwachsenenköpfen noch immer die festgefahrene Meinung, dass Mädchen besser mit Puppen spielen, während Jungen auf dem Fußballplatz toben sollen.

In ihrem 2009 erschienenen Buch „Pink Brain, Blue Brain: How Small Differences Grow into Troublesome Gaps – And What We Can Do About it“ hat sich die bekannte Neurobiologin Lise Eliot mit eben jenem Unterschied der Geschlechterrolle auseinander gesetzt. Sie hat Studien genauer unter die Lupe genommen, ausgewertet und einander gegenübergestellt und ist dabei zu dem Ergebnis gekommen, dass sich die Gehirne der beiden Geschlechter zum Zeitpunkt der Geburt kaum voneinander unterscheiden. Vielmehr sind es die gesellschaftlichen Vorstellungen, die die Kinder in ihrer Rolle während ihrer ersten 12 bis 15 Jahre prägen und auseinander dividieren. Denn es sind eben jene Vorstellungen der Umgebung, die in einem direkten Zusammenhang mit den Angeboten stehen, die einem Kind gemacht werden.

Jungen sind nicht von Natur aus begabter in Mathematik und Mädchen nicht automatisch musikalischer, einfühlsamer und kommunikativer. Oftmals haben Jungen in der Vergangenheit jedoch ein größeres Bewegungsangebot erhalten. Damit konnten sie umfangreichere räumliche Erfahrungen sammeln und diese stellen die Basis erfolgreichen Rechnens dar. Mädchen, die sich regelmäßig in Räumen bewegen, Mannschaftssportarten ausführen, im Wald toben und klettern sind in ihren mathematischen Leistungen in jeder Beziehung mit denen von Jungen mit hohem Bewegungsangebot vergleichbar.

Spätestens seit den 90er Jahren wissen wir dank zahlreicher wissenschaftlicher Studien auch um die große Rolle, die eine musikalische Erziehung in der Entwicklung der Kinder spielt, vor allem in Bezug auf die sprachliche Kompetenz und die emotionale Intelligenz, die entscheidend sind für eine erfolgreiche zwischenmenschliche Kommunikation. Interessanterweise hat sich jedoch in der Gesellschaft die Akzeptanz darüber, dass Mädchen mit Autos spielen und zum Judo gehen sehr viel schneller durchgesetzt, als dass Jungs zum Kindertanz gehen oder Querflöte spielen. Erfahrungsgemäß sind es auch wesentlich häufiger die Eltern der Jungen als die der Mädchen, die sich darüber beschweren, dass die Grundschullehrpläne einiger Bundesländer das Erlernen des Blockflötenspiels im Musikunterricht verpflichtend festschreiben.

Unbestritten kommt kein Kind als unbeschriebenes Blatt in den Kindergarten. Es ist geprägt von seinem familiären Umfeld, von Freunden und Nachbarn, die auch in den kommenden ein bis zwei Jahrzehnten einen wesentlichen Einfluss auf das Denken, die Werte und die Vorstellungen haben werden, die sich in dem Kind entwickeln. Und für den Zeitraum, in dem das Kind den Kindergarten besucht, nimmt auch dieses Umfeld wesentlichen Einfluss auf das kindliche Gehirn. Allerdings muss der Kindergarten die Eltern mitnehmen, wenn er Jungen dauerhaft im sprachlichen und musischen Bereich ebenso stärken will, wie es in den vergangenen Jahrzehnten im naturwissenschaftlichen und technischen Bereich mit Mädchen erfolgreich geschehen ist.

Immer wieder lässt sich feststellen, dass in der Regel alle Kinder im Kindergartenalter gerne singen, tanzen und musizieren. Für manches Kind (und manche Mütter und Väter) braucht es lediglich ein interessantes Thema. Und hier sind wir an dem Punkt, an dem dieses Buch ansetzt: Wir fordern Jungen gezielt in ihren vermeintlichen speziellen Themengebieten zum fröhlichen Mitmachen auf, um die oftmals vorhandenen Schwächen auszugleichen und in Stärken zu verwandeln.

Wem immer wir in den vergangenen Monaten von diesem Projekt erzählten ..., sofort stellten sich eindeutige Assoziationen zu den Themen ein, die dieses Buch beinhaltet: Dinosaurier, Cowboys und Indianer, Ritter, Fußball und jede Menge anderer Themen, die Jungeninteressen – klischeehaft, aber weder boshaft noch schädlich – begleiten.

Die Aufgabe eines Buchtitels ist es, die Aufmerksamkeit eines potenziellen Lesers zu erregen und dabei bereits eine möglichst genaue Vorstellung des Inhalts hervorzurufen. Wir finden, dies gelingt diesem Titel problemlos. Der kleinere Zusatz „& Mädchen" ist keine Abwertung. Vielmehr ist es eine Einladung an sie, sich auch einmal mit Themen zu beschäftigen, die in unserer kulturellen Geschlechterrolle nicht als typisch weiblich gelten, aber Spaß machen, Vielfalt ermöglichen und bereichern.

Alle inhaltlichen Spielangebote der Themen entsprechen unseren pädagogischen Vorstellungen und wenn Sie bereits mit anderen Büchern von uns arbeiten, so werden Sie auch hier die „typische" Gulden/Scheer-Handschrift erkennen. Lassen Sie die Kinder singen, tanzen, mit Instrumenten zu Klanggeschichten spielen, klatschen, musikstoppspielen und fingerspielen. Lassen Sie sie reagieren, koordinieren, wahrnehmen und kreativ sein. Und vor allem haben Sie Eines: Spaß!

Herzlichst Ihre
Elke Gulden und Bettina Scheer

VON GEHEIMNISSEN & ABENTEUERN

Das Leben ist ein Abenteuer.
Nicht alles ist uns ganz geheuer.
Geheimes gilt es zu erkunden
und manches wird so neu erfunden.
Spannendes gibt's überall
und Spaß hab'n wir auf jeden Fall.

ABENTEUERKINDER

EIN LIED

Text: Elke Gulden, Bettina Scheer, Musik: Ralf Kiwit

Aufstellung: Alle Kinder stehen nebeneinander in einer Schlange. Die Hände sind gefasst.

Refrain:

Abenteuerkinder sind Geheimnisfinder, erforschen und entdecken die Welt in allen Ecken. Es gibt vieles zu ergründen, schaut, was wir alles finden.	*die Kinder ziehen in einer langen Kinderschlange durch den Raum*
Fernglas, Lupe in die Hand, – jetzt geht's los, wir sind gespannt.	*die Schlange zu einem Kreis zusammenführen*

1. Strophe

Wir klettern auf Bäume, auf Eichen und Buchen.	*auf Zehenspitzen in die Kreismitte gehen, dabei die Arme nach oben heben, aber die Hände nicht lösen*
In ihren Ästen kann man uns lange suchen.	*rückwärts zurückgehen*
Wir bauen uns dort ein geheimes Versteck, ein Baumhaus erfüllt ganz genau diesen Zweck.	*die Erzieherin öffnet den Kreis mit ihrer rechten Hand, dreht sich rechts herum und geht links eng um den Kinderkreis herum. Dabei zieht sie die ganze Kinderschlange mit ihrer linken Hand mit*

Refrain:

Abenteuerkinder ...	*siehe oben*

2. Strophe

Wir ziehen durch Wälder, durch Höhlen und Grotten	*die Kinder gehen in die Hocke und gehen in der Hocke in die Kreismitte*
in unseren allerältesten Klamotten.	*und wieder heraus*
Wir ducken uns unter Spinnennetzen durch und fürchten uns nicht vor einem glitschigen Lurch.	*die Erzieherin öffnet den Kreis mit ihrer rechten Hand, tritt in den Kreis und wendet sich dabei nach links. Hinter dem nächsten Kind läuft sie im Slalom zwischen allen Kindern durch und zieht die Kinderschlange mit. (s. Abb. 1)*

Refrain:

Abenteuerkinder ...	*siehe oben*

3. Strophe

Wir waten durch Pfützen, durch Bäche und Tümpel. Wir stöbern in Opas altem Gerümpel. Wir machen uns schmutzig, das Gesicht voller Dreck, doch beim Waschen, da geht alles schnell wieder weg.	*den Kreis lösen, jedes Kind schreitet im Storchengang* durch den Raum*

Refrain:

Abenteuerkinder ...	*die Kinder kommen wieder zusammen und ziehen als Schlange in S-Kurven durch den Raum*

* Storchengang: Die Knie werden bei jedem Schritt ganz hochgezogen, dabei zeigen die Zehenspitzen zum Boden hin. Es sind auch die Zehenspitzen, die beim Aufsetzen des Fußes den Boden zuerst wieder berühren. Anschließend die Ferse absenken.

TIPP Die Kinderschlange sollte von einer Erzieherin angeführt werden, da die meisten Kinder bis zum Vorschulalter einen Raum in der Regel auf geraden Wegen durchlaufen. Für die Ausbildung einer guten räumlichen Orientierung benötigen die Kinder jedoch auch andere Wegerfahrungen. Die Aufstellungsform der Schlange bietet sich daher ganz besonders an, den Raum in mal engeren und mal weiteren S-Kurven zu durchlaufen.

Falls Sie zu dem Lied auf der gleichnamigen CD tanzen, so erfolgt nach dem Refrain hinter der 2. Strophe ein Instrumentalteil. Hierzu löst sich die Kinderschlange auf und jedes Kind tanzt und dreht sich durch den Raum, wie es möchte. Hören die Kinder die 3. Strophe, gehen sie frei im Storchengang durch den Raum. Erst wenn der Refrain erneut erklingt, kommen sie wieder als Schlange durch den Raum. Anstelle der S-Kurven kann die Erzieherin die Kinder dieses Mal auch in eine Schnecke führen. (s. Abb. 2 und 3, S. 14)

Abb. 1

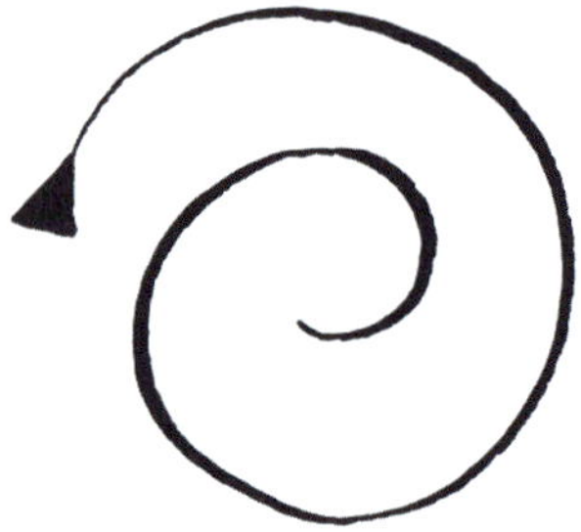

Abb. 2:
Zunächst dreht sich die Schlange in eine Links- oder Rechtsspirale ein.

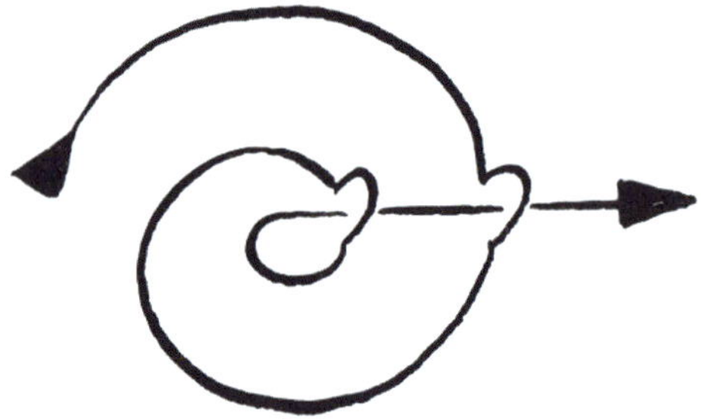

Abb. 3:
Der direkte Weg aus der Schnecke führt durch die Armtore zweier nebeneinander stehender Kinder, durch die der Schlangenkopf hindurchläuft. Dabei folgen ihm alle anderen Kinder ohne die Verbindung ihrer Hände zu lösen.

DAS VERSTECKTE LACHEN

EIN BEWEGUNGSSPIEL MIT MUSIK

Der böse Drache Malolux hat allen Eltern das Lachen geraubt und es in einer tiefen dunklen Höhle versteckt. Keine Mama und kein Papa kann mehr lachen. Die Kinder beschließen das Abenteuer zu wagen, das Lachen zu befreien. Gemeinsam machen sie sich auf den Weg.

DIE SCHLUCHT

Vorbereitung: 1 Langbank, weiche Matten zum Auslegen

Vor den Kindern liegt eine tiefe Schlucht. Doch zum Glück ist ein Baum, den der letzte Sturm ausgerissen hat, genau über die Felsenspalte gefallen. Jeweils zu zweit müssen sie nun die Schlucht passieren. Dabei besteigen beide Kinder die Langbank und stellen sich nebeneinander mit ihren Schultern parallel zur Bank hin. Nun muss das hintere Kind irgendwie an dem Nachbarkind vorbeigelangen, ohne dass eines der beiden Kinder in die Tiefe fällt. Ist es geschafft, stellt sich dieses Kind neben seinen Partner, der nun seinerseits versucht, an dem nun ersten Kind vorbeizukommen.
Danach gehen die beiden hintereinander die Bank entlang bis zum Ende und steigen wieder ab. Es folgen die nächsten zwei.

DER BERG

Vorbereitung: 1 hoher Kasten, weiche Matten zum Auslegen

Plötzlich stehen die Kinder vor einem Riesenberg. Gemeinsam gilt es diesen zu bewältigen. Kein Kind darf zurückbleiben.

DIE HÖHLE

Vorbereitung: mehrere leere Getränkeflaschen aus Plastik werden in der Raummitte auf den Kopf gestellt

Der Geheimeingang zur Höhle ist gefunden. Doch natürlich ist er verschlossen. Selbst mit den vereinten Kräften aller Hände lassen sich die Hebel nicht bewegen. Da hat ein kleiner Junge eine Idee und ruft: „Vielleicht klappt es ja mit den Füßen." Jedes Kind versucht nun mit Hilfe seiner Füße zwei der Plastikflaschen umzudrehen, so dass sie auf ihrer Unterseite stabil stehen.
Sind alle Hebel von den Kindern umgestellt, öffnet sich am Ende tatsächlich das Tor und das Lachen schlüpft hinaus. Alle freuen sich und ziehen fröhlich wieder nach Hause. Hieran kann sich beispielsweise das Lied „Abenteuerkinder" anschließen.

Für dieses Spiel kann Track 25 der gleichnamigen CD genutzt werden. Der Track spielt 4× hintereinander den Refrain des Liedes „Abenteuerkinder". Stoppen Sie die Musik einfach nach jedem Refrain. Zur Musik laufen die Kinder frei durch den Raum. Während der Musikpausen bestehen sie die Abenteuer.

GEHEIME BILDER

Material: weißes Papier, Essigessenz oder Zitronensaft, Holzspieße mit nur einem spitzen Ende oder saubere, dünne Pinsel

Mit Pinsel oder Holzspieß malen die Kinder mit der farblosen Flüssigkeit ein Bild auf weißes Papier und legen es zum Trocknen aus. Das Blatt wird jetzt wieder völlig weiß. Durch Hitzeeinwirkung kann das Bild jedoch sichtbar gemacht werden. Dafür fahren Sie als Erzieherin mit einem Bügeleisen über die Rückseite des Papiers. Wie von Geisterhand erscheint nun das kindliche Kunstwerk in einem Braunton. Je nach Stärke des Papiers sollten Sie ein Handtuch zwischen Papier und Bügeleisen legen.

DURCH DIE HÖHLE AUF DEN BERG

EIN DEHN- UND STRECKSPIEL AM PLATZ

Aufstellung: Alle Kinder stehen frei in einem großen Kreis.

Durch die Höhle, auf den Berg.	*Hände zu den Fußspitzen bringen und dann langsam lang nach oben über den Kopf führen, dabei auf die Zehenspitzen gehen*
Das ist nichts für einen Zwerg.	*in die Hocke gehen*
Übers Feld,	*Oberkörper und Arme lang nach vorne und parallel zum Boden ausstrecken*
dann in den Wald	*aufrichten, die Arme dabei nach oben führen und eine Baumkrone in die Luft zeichnen*
zu einem Picknickaufenthalt.	*Arme auf der Brust kreuzen*
Bäume kraxeln,	*am Platz gehen*
Baumhaus bauen	*Hände im Wechsel übereinander legen, dabei die Arme langsam bis Augenhöhe nach oben nehmen, den Rücken ganz lang strecken*
und dann in die Ferne schauen.	*Handinnenkante über die Augen legen, den Oberkörper dabei lang nach vorne parallel zum Boden beugen, Körperspannung*

GEHEIME ECHOZEICHEN

EIN KLANGGESTEN-GEDÄCHTNISSPIEL

Alle Kinder sitzen in einem Kreis. Ein Kind beginnt mit einer Klanggeste, die von allen anderen Kindern imitiert wird. Das nächste Kind wiederholt die vorangegangene Klanggeste und hängt eine weitere an. Diese Sequenz wird wieder von allen anderen imitiert usw.

VARIANTE

Alternativ kann sich auch jedes Kind eine eigene Klanggestenfolge ausdenken, die von allen nachgespielt wird. In diesem Fall stellt in der ersten Runde jedes Kind eine Klanggeste vor. In der nächsten Runde zwei, in der dritten drei usw.

Klanggesten können sein: klatschen, patschen, schnipsen, stampfen, Pause (Zeigefinger senkrecht auf die Lippen legen), reiben, tippen usw.
Auch Mundgeräusche, wie bspw. Zungenschnalzen oder Lippenflattern mit Stimmeinsatz können in das Spiel integriert werden.

DETEKTIVAUSWEIS

Wer ein richtiger Detektiv sein will, braucht natürlich als allererstes einen Detektivausweis.

Material: Vorlagenkopie „Detektivausweis“, Scheren, Buntstifte, Hochglanzpapier, feines Graphitpulver*, sauberer Pinsel, Tesafilm, Laminiergerät

Die Vorlage wird für jedes Kind auf ein weißes Papier kopiert. Nun können die Kinder ihren Ausweis entlang der Linien ausschneiden und den Detektiv mit Buntstiften anmalen. In das Namensfeld wird der Name des Detektivkindes eingetragen. Nun gilt es den eigenen Fingerabdruck zu nehmen.

Hierfür erhält jedes Kind ein Stück Hochglanzpapier. Auf dieses drückt es seinen Daumen fest darauf. Mit dem Pinsel wird etwas Graphitpulver auf das Glanzpapier aufgetragen und schon wird der Fingerabdruck sichtbar. Mit einem Stück Tesafilm kann der Abdruck nun abgenommen werden und unten rechts auf den Ausweis aufgeklebt werden.
Wird der Ausweis am Ende noch laminiert, so hält er ein ganzes Detektivleben.

* Feines Graphitpulver ist in der Regel sehr günstig im Baumarkt erhältlich.

NATURDETEKTIVE

Material: 1 Lupe für jedes Kind

Gemeinsam geht es mit den Lupen in den Garten. Was gibt es da nicht alles zu entdecken?

RITTER

Im Mittelalter, nicht mehr heute,
da lebten die Ritter als Edelleute.
Sie dienten dem König Jahr für Jahr,
und waren allzeit für ihn da.
Sie schützten die Schwachen und Frauen
und lebten in christlichem Gottvertrauen.
Sie waren großzügig, treu und wohl erzogen
und konnten schießen mit Pfeil und Bogen.
Sie konnten kämpfen mit dem Schwert
und wurden von allen hochverehrt.

RITTER KURZ VON ALTBURGBOGEN

EIN LIED

Text: Elke Gulden, Bettina Scheer, Musik: Ralf Kiwit

Aufstellung: Die Kinder stehen sich in zwei Linien in einem großen Abstand gegenüber.

Refrain:

Ritter Kurz ist ein kleiner großer Held, kämpft für die Ehre, aber nie für Geld. Er streitet fair, lässt alle unversehrt und wird dafür von jedem verehrt.	*die Kinder hüpfen im Takt am Platz, dabei tippen sie beim ersten Hüpfer die Zehenspitzen des rechten Fußes vor ihrem Körper auf und strecken gleichzeitig ihren linken Arm senkrecht nach oben.** *Beim nächsten Hüpfer wechseln Fuß und Arm.***

1. Strophe

Ritter Kurz hat eingeladen	*die Kinder gehen mit 8 Schritten aufeinander zu*
zum Turnier im Burgberggraben.	*jedes Kind geht um sein Gegenüber herum, ohne dabei die Blickrichtung zu ändern*
Wer gewinnt in diesem Jahr?	*die Kinder gehen mit 8 Schritten rückwärts*
Das ist eigentlich schon klar.	*jedes Kind dreht sich in 8 Schritten um die eigene Achse*

* Hierbei können vier Finger eine Faust bilden und der Zeigefinger wird senkrecht ausgestreckt.

** Jüngere Kinder können die Bewegung auch gleichseitig ausführen, d.h. sie verwenden den rechten Fuß und den rechten Arm parallel.

Ritter Kurz von Altburgbogen *Wiederholung der Bewegung*
hat die Rüstung angezogen.
Sie strahlt vor Glanz, ist frisch poliert,
und die Gelenke sind geschmiert.

Refrain:
Ritter Kurz ist ein kleiner großer Held, ... *siehe oben*

2. Strophe
Ritter Kurz ist nicht sehr groß. *siehe 1. Strophe*
Doch das ist bedeutungslos,
denn kämpfen kann er wirklich gut
wie sein Schlachtross Feuerglut.

Ritter Kurz wird wertgeschätzt,
und immer bleibt er unverletzt.
Seine Größe ist sekundär,
Köpfchen hat er umso mehr.

Refrain:
Ritter Kurz ist ein kleiner großer Held, ... *siehe oben*

3. Strophe
Kommt ihm ein Gegner einmal krumm, *siehe 1. Strophe*
tanzt er ihm um die Beine herum;
klopft von hinten an seinen Helm,
Ritter Kurz ist nämlich ein Schelm.

Ritter Kurz gewinnt das Turnier.
Alle Kämpfer stehen Spalier.
Als Dank für seinen guten Schluss,
gibt Lady Lilly ihm 'nen Kuss.

Ritter Kurz von Altburgbogen hat die Rüstung ausgezogen. Er liegt müde in seinem Bett, schnarcht mit Feuerglut im Duett.	*in die Hocke gehen, beide Handinnenflächen aufeinander und an die linke Wange legen. Wer das Gleichgewicht halten kann, schließt die Augen*

TIPP Falls die Kinder zu der Musik auf der gleichnamigen CD tanzen, folgt nach der letzten Strophe eine kurze musikalische Bridge, während der die Kinder wieder aufstehen. Anschließend erklingt noch zweimal der Refrain, zu dem die Kinder die Hüpfbewegung des Refrains frei im Raum ausführen.

DAS GROSSE RITTERREITTURNIER

EINE KLANGGESCHICHTE

Instrumente: Fingercymbeln, Metallinstrumente nach Wahl, Klanghölzer
Aufstellung: Alle Kinder stehen in einem großen Kreis.

Heute ist großes Ritterturnier, jeder hat den Sieg vor dem Visier.	*Fingercymbeln, 1×*
Alle warten, dass es losgehn werde, Ritter besteigen schon mal ihre Pferde.	*Klanghölzer, leise*
Dabei hört man Helme scheppern und die Ritterrüstungen kleppern. Dann geht es schließlich endlich los. Gekämpft wird wahrhaft virtuos.	*Metallinstrumente*
Zwei Ritter reiten aufeinander zu,	*zwei Kinder spielen ihre Klanghölzer im Reitrhythmus (kurz-lang, kurz-lang) und gehen dabei aufeinander zu*
einer fällt, der andre schreit „Juchhu! Juchhu!“	*wenn sie sich gegenüberstehen, schlagen sie ihre Klanghölzer in Brusthöhe gegeneinander, alle anderen rufen „Juchhu!“*

Jetzt sind die nächsten Beiden dran, — *dieser Teil der Klanggeschichte wird sooft wiederholt, bis jedes Kind, das Klanghölzer spielt, einmal an der Reihe war*
denn versuchen will es jeder Mann.

Doch bei all dem ganzen Trubel, — *alle*
gehört dem Sieger aller Jubel.

RITTER SIND VIELBESCHÄFTIGTE LEUTE

EIN KREISSPIEL UND EINE KLANGGESCHICHTE

Aufstellung: Alle Kinder stehen in einem großen Kreis.

Ritter reiten, — *im Pferdchengalopp einmal im Kreis rechts herum reiten*
Ritter streiten. — *lauthals streiten, wild gestikulieren*

Ritter tafeln, — *in die Hocke gehen, Oberkörper extrem aufrecht, Ellenbogen am Körper*
Ritter schwafeln. — *aufstehen, Arme angewinkelt, Daumen und Finger mehrfach zusammenlegen und wieder öffnen*

Ritter hechten, — *einmal rechts herum im Kreis rennen*
Ritter fechten. — *rechtes Bein nach vorne, im Knie stehen, linkes Bein ist nach hinten gestreckt, rechten Arm lang nach vorne ausstrecken, Fechtbewegung*

Ritter suchen, — *gerade stehen, sich rechts und links über die Schulter sehen*
Ritter fluchen. — *alle dürfen kräftig schimpfen bzw. fluchen*

Ritter strafen, ... *strafenden Zeigefinger zeigen*
Ritter schlafen. .... *in die Hocke gehen, beide Handinnenflächen zusammenlegen und den Kopf darauflegen, laut schnarchen*

VARIANTE ALS KLANGGESCHICHTE

Die Ritterbeschäftigungen können natürlich auch vertont werden.

Instrumente: Klanghölzer, Schellenkranz, Fingercymbeln, Handtrommel, Triangel, Reco-Guiro

Ritter reiten, ... *Klanghölzer*
Ritter streiten. .... *alle Instrumente*

Ritter tafeln, ... *Schellenkranz*
Ritter schwafeln. .... *Fingercymbeln*

Ritter hechten, ... *Handtrommel*
Ritter fechten. .... *Triangel*

Ritter suchen, ... *Stille*
Ritter fluchen. .... *alle Instrumente*

Ritter strafen, ... *Handtrommel, 1× laut*
Ritter schlafen. .... *Reco-Guiro*

RITTER TANZEN

EIN KLEINES MENUETT

Ritter mussten zu ihrer Zeit nicht nur ihren König jederzeit verteidigen und damit gut kämpfen können. Vielmehr mussten sie auch dichten, tanzen und hofieren können.

Track 29 auf der gleichnamigen CD gibt das Menuett G-Dur aus dem „Notenbüchlein für Anna Magdalena Bach“ wieder (Komponist: Christian Petzold, BWV Anhang 116), zu dem die jungen Knappen feierlich durch den Raum schreiten. Das Menuett hat einen ¾-Takt, das bedeutet, jeder Takt besteht aus drei Viertelnoten.
Auf jeden 1. Schlag gehen die Kinder einen Schritt nach vorn, wobei sie immer die Fußspitzen zuerst aufsetzen, bevor sie auf Schlag 2 den ganzen Fuß absenken und auf 3 den Fuß mit Gewicht belasten. Auf die nächste 1 stellen sie den zweiten Fuß in gleicher Weise an. Anschließend drehen sie sich während der nächsten vier Takte langsam 2× um die eigene Achse. Die Hände der Kinder sind während des Tanzes in den Hüften eingestützt.

DIE BEFREIUNG DER PRINZESSIN

EIN BEWEGUNGSSPIEL

Die schöne Prinzessin Gwendolyne wurde von dem gefährlichen schwarzen Ritter gefangen genommen. Ihr Vater, der König ist zu Tode betrübt, denn all seine Ritter befinden sich an der Südgrenze des Landes in einem entscheidenden Kampf. Daher schickt er seine sämtlichen Knappen los. Sie sollen seine Tochter befreien und nach Hause bringen. Als Lohn verspricht er, jeden Knappen sofort nach seiner Rückkehr zum Ritter zu schlagen.

Material: 2 große Weichbodenmatten, 1 Sprossenwand, 1 Langbank, 3 Matten, 1 Reifen, 1 Seil pro Kind, 1 schöner Zauberstab

In der Mitte des Raumes werden die beiden Weichbodenmatten längs hintereinander ausgelegt. Sie stellen den Wassergraben dar, den die Kinder überwinden müssen.
Zwei Matten gehören vor die Sprossenwand, die als feindliche Burg erklettert werden muss. Die Langbank wird auf einer Seite in die Sprossenwand eingehängt, so dass die Kleinen darauf zum Verlassen der Burg hinunterrutschen können. Davor sollte ebenso eine dünne Matte als Schutz ausgelegt werden. In einer Raumecke, dem Zimmer der gefangenen Prinzessin, liegen alle Seile in einem Reifen. In jedes Seil wurden zuvor 3 Knoten geknotet.

Nacheinander laufen die Kinder über die Weichbodenmatte. Ist der Wassergraben überwunden, geht es an der Burg hinauf (Sprossenwand) und auf der anderen Seite wieder hinunter (die Bank rückwärts auf dem Bauch hinunterrutschen). Dann geht es zu dem Zimmer, in dem die Prinzessin gefangen gehalten wird. Jedes Kind schnappt sich ein Seil, und befreit des Königs Tochter, in dem es die Knoten aus dem Seil wieder öffnet. Dann bringt es das Seil dem König (der Erzieherin), der den Knappen ehrenvoll mit dem Zauberstab zum Ritter schlägt. Dabei kniet der Knappe mit einem Knie nieder.
„Hiermit ernenne ich dich zum Ritter, zum Lehrer und zum Babysitter!“ Dabei berührt der Zauberstab erst die rechte, dann die linke Schulter des Kindes, sowie am Ende den gebeugten Kopf.

DER RITTER-ZWEIKAMPF

EIN KRÄFTEMESSSPIEL

Material: 1 Matte

Je zwei Ritter treten gegeneinander an. Dabei sollten beide Kinder möglichst gleich groß sein. Die Ritter betreten die Matte, stellen sich Rücken an Rücken auf und haken ihre Arme unter. Jeder Ritter versucht nun seinen Gegner von der Matte zu drängen. Gewonnen hat die Mannschaft, die am Ende die meisten Zweikämpfe für sich entscheiden konnte.

JEDEM RITTER SEIN EIGENES PFERD

STECKENPFERDE SELBSTGEBASTELT

Material: 1 Schwimmnudel pro Kind, Paketseil oder eine andere Schnur, die sich gut festziehen lässt, brauner oder schwarzer Filz, braunes oder schwarzes Kreppband, 2 Wackelaugen pro Kind, Scheren, Heißklebepistole, 1 Tacker

Die oberen 20 cm der Schwimmnudel werden umgebogen und mit Hilfe des Seils festgebunden. Dieser Abschnitt stellt den Pferdekopf dar. Im oberen Drittel werden mit der Heißklebepistole die beiden Wackelaugen angebracht. An den beiden oberen Seiten des Kopfes wird jeweils ein Pferdeohr angeklebt, das zuvor aus dem Filz ausgeschnitten worden ist (s. Zeichnung S. 30).

Anschließend erhält das Pferd noch eine Kreppbandmähne. Hierfür einfach ca. 15 cm lange Kreppbandstreifen schneiden und diese als Mähne auf den Pferdekopf kleben. Für sicheren Halt kann man die Mähne auch festtackern.

So wird aus der Schwimmnudel ein richtiges Ritterpferd:

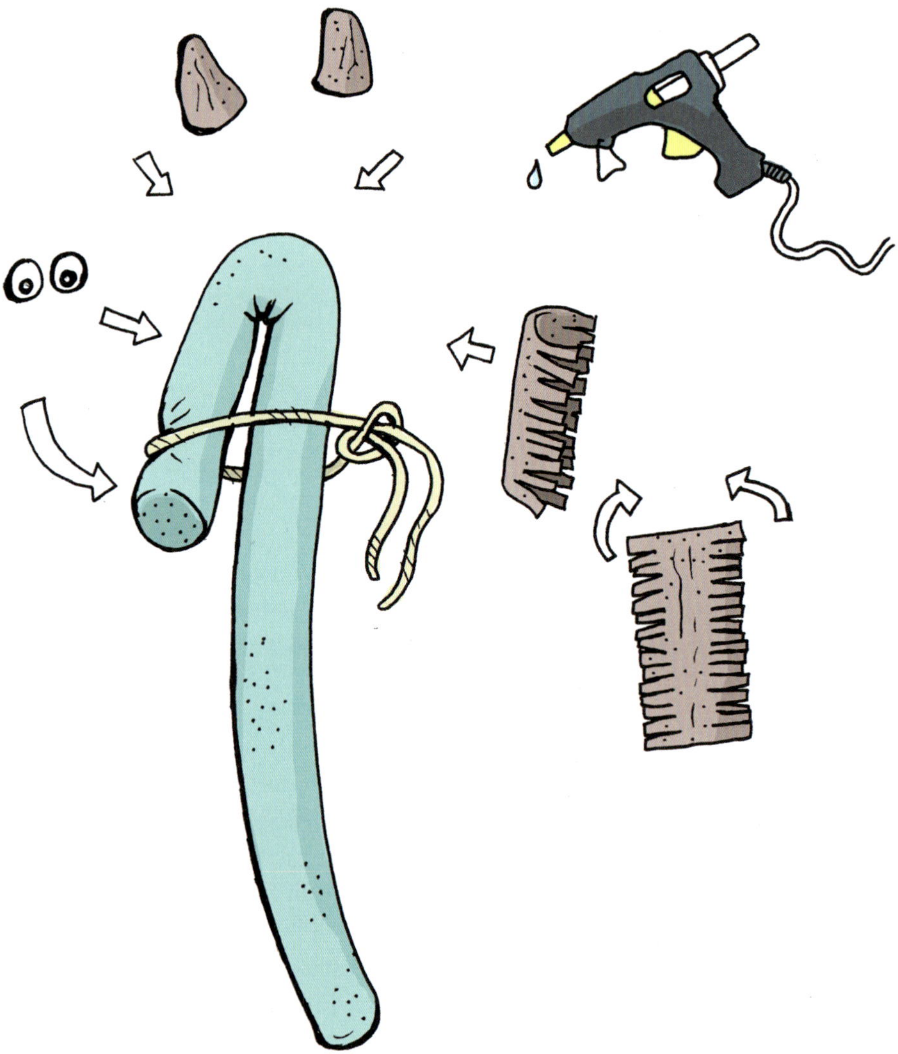

VON COWBOYS, INDIANERN & SHERIFFS

Der wilde Westen war sehr weit und groß,
im wilden wilden Westen war jederzeit viel los.
Dort lebten Cowboys und Indianer
und viele Nordamerikaner.
Man suchte nach Silber, nach Kupfer oder Gold,
und manch einem war das Glück dann hold.
Der Sheriff sorgte für Ordnung und Recht,
so lebte sich's für alle gar nicht so schlecht.

ES WAR EINMAL EIN COWBOY

EIN LIED

Text: Elke Gulden, Bettina Scheer, Musik: Ralf Kiwit

1. Strophe

Es war einmal ein Cowboy	*beide Hände nacheinander in eine Hosentasche stecken*
mit einem Cowboyhut.	*sich mit beiden Händen einen imaginären Hut aufsetzen*
Den trug er Tag und Nacht,	*„Sonnenbewegung“ mit beiden Händen*
denn der stand ihm wirklich gut.	*beide Daumen als „Okay“-Zeichen zeigen*
Mit dem Hut auf seinem Kopf,	*den Hut nochmals auf den Kopf setzen*
ritt er durch das weite Land,	*beide Fäuste dicht vor die Brust halten, eine Reitbewegung mit Händen und Oberkörper imitieren*
hielt ein langes Cowboylasso dabei fest in seiner Hand.	*ein imaginäres Lasso über dem Kopf schwingen*

Refrain:

Yippijahey, yippijaho, yippijaheyjoho. Yippijahey, yippijaho, yippijaheyjoho.	*im Pferdchengalopp durch den Raum „reiten“*

2. Strophe

Es war mal ein Indianer	*beide Hände nacheinander in eine Hosentasche stecken*
mit buntem Federschmuck.	*Zeige- und Mittelfinger einer Hand als Federn hinter den Kopf halten*
Den trug er Tag und Nacht,	*„Sonnenbewegung“ mit beiden Händen*
denn es war ein toller Look.	*beide Daumen als „Okay“-Zeichen zeigen*
Mit den Federn auf dem Kopf,	*nochmals die Federn hinter den Kopf halten*
tanzt' er um den Marterpfahl, das Getrommel klang dazu ganz einfach phänomenal.	*sich um die eigene Achse drehen*

Refrain:

Yippijahey, yippijaho …	*durch den Raum „reiten“*

3. Strophe

Es war einmal ein Sheriff	*beide Hände nacheinander in eine Hosentasche stecken*
mit einem Sheriffstern.	*die rechte Hand an die linke Brust legen*
Den trug er Tag und Nacht,	*„Sonnenbewegung" mit beiden Händen*
denn er hatte ihn sehr gern.	*beide Daumen als „Okay"-Zeichen zeigen*
Mit dem Stern auf seiner Brust,	*rechte Hand an linke Brust legen*
schritt er durch die Westernstadt,	*am Platz schreiten*
passte auf, dass nach Gesetz hier alles seine Ordnung hat.	

Refrain:

Yippijahey, yippijaho ...	*durch den Raum „reiten"*

VARIANTE

Wenn Sie die gleichnamige CD besitzen, bietet sich auch eine völlig andere Bewegungsvariante an.

Aufstellung: Alle Kinder stehen in einem Kreis, die Hände sind nicht gefasst.
Die Kinder werden von 1 bis 3 durchgezählt. Die Zahl steht für die jeweilige Strophe, in der die Kinder in die Mitte treten.

Zu den ersten vier Zeilen jeder Strophe treten dementsprechend die jeweiligen Kinder (die Cowboys, die Indianer und die Sheriffs) in die Kreismitte, strecken ihre rechten Arme aus und legen ihre rechten Hände in der Mitte aufeinander. Nun gehen sie im Uhrzeigersinn im Kreis. Alle anderen Kinder gehen am Platz.
Nach Zeile 4 kehren sie in den großen Kreis zurück. Alle Kinder hüpfen nun zweimal in die Mitte und wieder heraus.
Während des Refrains (Yippijahey-Teil) galoppieren die Kinder hintereinander gegen den Uhrzeigersinn im Kreis. Nach der 2. Strophe ist auf der CD ein längerer Instrumentalteil zu hören. Hierzu können die Kinder gerne auch völlig frei durch den Raum galoppieren.

10 KLEINE INDIANER

EIN KLEINES FINGERSPIEL

10 kleine Indianer — *die Hände in Brusthöhe halten und die Finger dabei wild zappeln lassen*
schleichen durch die Prärie. — *mit den Händen eine Schleichbewegung darstellen*
10 kleine Indianer — *siehe oben*
hört man dabei nie. — *eine Hand hinter ein Ohr legen, den Zeigefinger der anderen Hand über die Lippen legen*

10 kleine Indianer — *siehe oben*
paddeln durch den Fluss. — *Paddelbewegungen mit den Armen*
10 kleine Indianer — *siehe oben*
kommen in ’nen Regenguss. — *mit den Fingerspitzen auf den Boden tippen*

10 kleine Indianer — *siehe oben*
schütteln die Tropfen ab. — *die Hände schütteln*
10 kleine Indianer — *siehe oben*
reiten heim, tripp-trapp. — *Fäuste eng vor der Brust halten, mit den Händen und dem Oberkörper eine Reitbewegung imitieren*

VARIANTE

Das Fingerspiel kann auch als Bewegungsspiel im Kreis ausgeführt werden. Dazu wird die „10“ in der Zeile „10 kleine Indianer“ in die Anzahl der mitspielenden Kinder geändert.

10 kleine Indianer — *leise durch den Raum schleichen*
schleichen durch die Prärie.
10 kleine Indianer — *stehen bleiben, eine Hand hinter ein Ohr legen, den*
hört man dabei nie. *Zeigefinger der anderen Hand über die Lippen legen*

10 kleine Indianer ……… *durch den Raum gehen, dabei mit den Armen paddeln*
paddeln durch den Fluss.
10 kleine Indianer ……… *Finger zappelnd von oben nach unten bewegen*
kommen in 'nen Regenguss.

10 kleine Indianer ……… *den ganzen Körper schütteln*
schütteln die Tropfen ab.
10 kleine Indianer ……… *Pferdchengalopp durch den Raum*
reiten heim, tripp-trapp.

EINE WOCHE IN DER PRÄRIE

EIN BEWEGUNGSSPIEL

Montags schleichen Indianer durch die Prärie,
den Rest der Woche machen sie das nie.
Sie schleichen, schleichen, schleichen,
sie schleichen, schleichen, schleichen,
sie schleichen jeden Montag durch die Prärie.

Dienstags reiten Cowboys durch die Prärie,
den Rest der Woche machen sie das nie.
Sie reiten, reiten, reiten,
sie reiten, reiten, reiten,
sie reiten jeden Dienstag durch die Prärie.

Mittwochs stampfen Sheriffs durch die Prärie,
den Rest der Woche machen sie das nie.
Sie stampfen, stampfen, stampfen,
sie stampfen, stampfen, stampfen,
sie stampfen jeden Mittwoch durch die Prärie.

Donnerstags robben Cowboys durch die Prärie,
den Rest der Woche machen sie das nie.
Sie robben, robben, robben,
sie robben, robben, robben,
sie robben jeden Donnerstag durch die Prärie.

Freitags tanzen Indianer durch die Prärie,
den Rest der Woche machen sie das nie.
Sie tanzen, tanzen, tanzen,
sie tanzen, tanzen, tanzen,
sie tanzen jeden Freitag durch die Prärie.

Samstags hüpfen Sheriffs durch die Prärie,
den Rest der Woche machen sie das nie.
Sie hüpfen, hüpfen, hüpfen,
sie hüpfen, hüpfen, hüpfen,
sie hüpfen jeden Samstag durch die Prärie.

Sonntag schlafen alle in der Prärie,
den Rest der Woche machen sie das nie.
Sie schlafen, schlafen, schlafen,
sie schlafen, schlafen, schlafen,
sie schlafen jeden Sonntag in der Prärie.

Die Kinder bewegen sich mit den in den Strophen angegebenen Bewegungsformen durch den Raum.

REGENTANZ

Aufstellung: zu zweit gegenüber

Indianer drehen,	*sich um die eigene Achse drehen*
Indianer stehen.	*stehen bleiben*
Und wenn sie das machen, dann hört man sie lachen.	*Hände auf den Bauch legen und lachen*
Jetzt drehn sie sich zu zweit für eine ziemlich lange Zeit, denn so geht der Regentanz um des Lagerfeuers Glanz.	*rechte oder linke Arme unterhaken und sich zu zweit drehen*

TUNGA, TINGA, TUNGA

EIN INDIANER-TANZSPIEL

Tunga, tinga , tunga,
tinga, tunga, ting.
Tinga, tunga, tinga,
tunga, tinga, ting.

Als Klatschspiel alleine:

Tunga,	*2× auf die eigenen Oberschenkel patschen*
tinga,	*2× in die eigenen Hände klatschen*
tunga,	*2× auf die eigenen Oberschenkel patschen*

tinga, *2× in die eigenen Hände klatschen*
tunga, *2× auf die eigenen Oberschenkel patschen*
ting. *1× in die eigenen Hände klatschen*

Tinga, *2× in die eigenen Hände klatschen*
tunga, *2× die gekreuzten Hände an die eigene Brust patschen*
tinga, *2× in die eigenen Hände klatschen*

tunga, *2× die gekreuzten Hände an die eigene Brust patschen*
tinga, *2× in die eigenen Hände klatschen*
ting. *1× auf die eigenen Oberschenkel patschen und gleichzeitig mit einem Fuß 1× aufstampfen*

VARIANTE

Als Abwandlung können die Kinder das Spiel auch zu zweit klatschen. Wann immer sie bisher auf ihre Oberschenkel gepatscht haben, klatschen sie nun in Brusthöhe in die Hände des Partnerkindes.

Rhythmusnoten:

Text und Rhythmus: Elke Gulden, Bettina Scheer

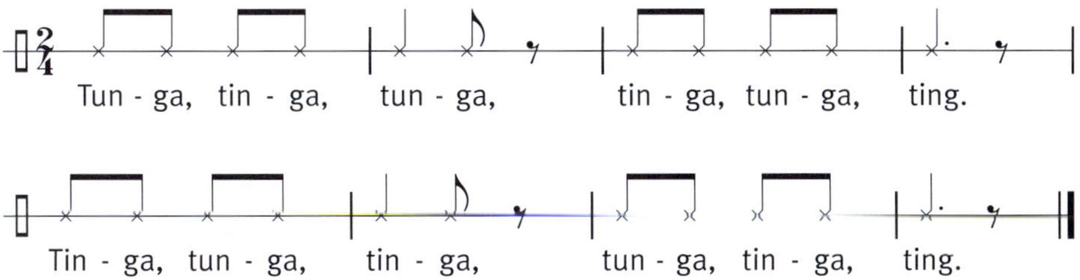

DER BANKRAUB

EIN BEWEGUNGSSPIEL

Material: 2 Kästen, 1 Langbank, ein Schatz (Legosteine, Bausteine, Kastanien o.ä.)
Die vier Kinder als Sheriffs können mit Sheriffstern (s. S. 42) und Hut verkleidet sein, die übrigen Kinder als Räuber mit einem Gangstertuch.

Ein Kasten wird mit der Öffnung nach oben in die Mitte des Raumes gestellt. Er symbolisiert die Bank und in ihm ruht der Schatz.

Auf der einen Raumseite steht eine Langbank. Hinter ihr liegt das Gefängnis. Gegenüber, auf der anderen Raumseite, steht ein zweiter Kasten, ebenfalls mit der Öffnung nach oben. Er stellt das Versteck der Bankräuber dar.
Vier Sheriffs sorgen in der kleinen Wildweststadt für Recht und Ordnung. Zu Beginn stehen sie auf der Langbank und überwachen die Stadt, denn sie haben gehört, dass eine Bande räuberischer Diebe heute ihre Bank überfallen will. Und da tauchen sie auch schon auf.
Alle anderen Kinder kommen als Räuber herbeigerannt und stürmen die Bank. Jedes Kind darf immer nur einen Stein aus der Bank nehmen, um ihn dann so schnell wie möglich in das eigene Versteck zu transportieren. Wird es dabei von einem Sheriff gefangen, muss es den Stein zurück in den Kasten legen und wird von dem Sheriff ins Gefängnis gebracht. Ein Sheriff darf immer nur einen Dieb fangen. Erst wenn dieser sicher hinter Schloss und Riegel sitzt, darf er wieder weiter die bösen Buben jagen.
Gelingt es einem Banditen ungefangen hinter die Langbank zu kommen, so darf er einen Bankräuber aussuchen, der damit befreit ist und ins Spiel zurückkehren darf.
Das Spiel ist dann beendet, wenn es entweder den Dieben gelungen ist, die ganze Bank leer zu räumen oder alle Banditen sicher hinter Schloss und Riegel sitzen. Natürlich kann auch einfach im Vorhinein ein Spielzeitraum von bspw. 3 Minuten festgelegt werden.

MEIN EIGENER SHERIFFSTERN

EINE BASTELANLEITUNG

Material: Vorlagenkopie „Sheriffstern“, Scheren, Buntstifte, Magnetknöpfe*, Heißklebepistole

Vorbereitung: Die Vorlage wird einmal für jedes Kind auf weißes Papier kopiert. Idealerweise sollte das Papier mindestens eine Stärke von 160 g aufweisen.

Jedes Kind bemalt seinen Sheriffstern. Absichtlich wurde der Begriff „Sheriff“ auf der Vorlage etwas nach oben gesetzt, so dass darunter noch der Name des Kindes eingetragen werden kann.

Anschließend schneidet jedes Kind seinen Stern aus.

Zum Schluss wird auf der Rückseite des Sterns der Magnetknopf mit einer Heißklebepistole angebracht.

Der Sheriffstern lässt sich gleich beim Bewegungsspiel „Der Bankraub“ (s. S. 40) einsetzen.

* Aus Sicherheitsgründen empfehlen wir das Tragen mit einem Magnetknopf anstelle einer Sicherheitsnadel. Magnetknöpfe sind mittlerweile recht günstig im Handel zu erwerben. So kosten 10 Knöpfe in der Regel zwischen 4 € und 5 €.

FUSSBALL – OLÉ, OLÉ, OLÉ, OLÉ

Kommt, lasst uns das Spiel beginnen,
unsre Elf wird heut gewinnen.

Anstoß, stürmen, Schuss und Tor,
so bereiten wir die Siege vor.

Wir trainieren hart und kämpfen fair,
unsren Fans gefällt das sehr.

OLÉ, OLÉ, OLÉ

EIN LIED

Text: Elke Gulden, Bettina Scheer, Musik: Ralf Kiwit

Aufstellung: Alle Kinder stehen in einem großen Kreis, die Hände sind nicht gefasst.

Refrain:

Olé, olé, olé,	*rechten Arm diagonal nach oben strecken, bei jedem „Olé“, den Arm leicht knicken und wieder strecken*
wir stürmen alle vor!	*vier Schritte nach vorne laufen, stehenbleiben*
Olé, olé, olé,	*Wiederholung*
wir schießen noch ein Tor!	
Olé, olé, olé,	*siehe oben*
wir spielen fair und gut,	*vier Schritte rückwärts laufen, stehenbleiben*
olé, olé, olé,	*Wiederholung*
mit Spaß und Löwenmut.	

1. Strophe

Der Schiri pfeift das Spiel jetzt an, nach vorne stürzen alle Mann. Wir laufen, stoppen, passen viel, Schnelligkeit ist unser Spiel.	*die Kinder geben sich die Hände und gehen im Kreis rechts herum*
Der Ball wird dauernd abgespielt bis der Gegner staunt und schielt. Unser Spiel ist voll im Fluss und endet mit gezieltem Schuss. – Tooooor!	*Richtungswechsel, am Ende die Hände lösen*

Refrain:

Olé, olé, olé, wir stürmen alle vor …	*siehe oben*

2. Strophe

Das andre Team kriegt kaum den Ball, das ist für uns ein klarer Fall.	*Hände geben, vorwärts in die Kreismitte gehen*
Und kommt es doch mal angerannt, steht unsre Abwehr wie ’ne Wand.	*rückwärts aus der Mitte gehen*
Geht der Ball bei uns ins Aus, spielt man aus der Ecke raus. Auf unsren Torwart ist Verlass, er fängt den Ball und schlägt den Pass.	*Wiederholung*

Refrain:

Olé, olé, olé, wir stürmen alle vor …	*siehe oben*

3. Strophe

Der Konter wird von uns genutzt und die Gegner gucken verdutzt. Unser Sturm ist kaum zu toppen und nur noch durch ein Foul zu stoppen.	*die Kinder geben sich die Hände und gehen im Kreis rechts herum*
Das Spiel wird dann kurz unterbrochen und uns ein Elfer zugesprochen. Die Spannung steigt, der Gefoulte schießt. – Er trifft! Schaut, wie er das genießt. – Tooooor!	*Richtungswechsel, am Ende die Hände lösen*

Refrain:

Olé, olé, olé, wir stürmen alle vor …	*siehe oben*

TORWANDSCHIESSEN

Material: 1 dicke Weichbodenmatte, 3 Reifen, Klebeband, Malerkreppband oder sonstige Markierungspunkte, 3 Bälle

Vorbereitung: Eine Weichbodenmatte wird waagerecht an eine Wand gestellt. An ihrer unteren Hälfte werden mit dem Klebeband die 3 Reifen in einigem Abstand nebeneinander befestigt. 3 kleine Abschnitte Malerkreppband werden in einem Abstand von zunächst 2 Metern vor den Reifentoren auf den Boden geklebt. Auf jedem Punkt liegt ein Ball. Dahinter stellen sich die Kinder gleichmäßig verteilt auf.

Die Kinder versuchen nacheinander den Ball in das ihnen gegenüberliegende Reifentor zu schießen. Nach zwei Durchgängen wird der rechte Abschusspunkt einen weiteren Meter nach hinten verlegt. Alle Kinder, die es geschafft haben auf 2 Meter ein Tor zu schießen, dürfen sich nun an der nächsten Entfernung versuchen.

BALLKUNSTSTÜCK

EIN KLEINES KOORDINATIONSSPIEL

Prell den Ball und fang ihn auf,
dann wirf ihn in den Himmel rauf.
Fang ihn auf und dreh dich rum,
unser Spiel ist damit um.

Jedes Kind erhält einen Ball. Die Kinder verteilen sich im Raum, prellen den Ball einmal vor sich auf den Boden, fangen ihn auf und werfen ihn direkt anschließend einmal senkrecht in die Luft. Das Ziel sollte sein, dass sich ihre Füße dabei möglichst nicht von der Stelle bewegen. Nun drehen sich die Kinder noch einmal um die eigene Achse und das Kunststück ist vollbracht.

STEHKREIS-FUSSBALL

EIN REAKTIONSSPIEL

Material: 2 bis 3 Softbälle, Kreide

Vier Kinder bilden ein Team und spielen mit zwei Softbällen in der Kreismitte. Alle anderen Kinder bilden einen großen Kreis. Dabei stehen sie mindestens so weit voneinander entfernt, dass jedes Kind seine Arme zur Seite ausstrecken kann, ohne die Finger des Nachbarkindes zu berühren. Mit Kreide wird eine Linie entlang der Füße der Kreiskinder gezogen. Diese darf von ihnen nicht übertreten werden. In einem Abstand von ca. einem Meter wird eine weitere Innenkreislinie gezeichnet. Auch diese darf nicht übertreten werden. Die vier Kinder in der Mitte versuchen die Softbälle durch Kicken aus dem Kreis herauszurollen. Die Kinder außen versuchen, dies mit ihren Füßen zu verhindern.

TIPP Je nach Anzahl der Kinder und der davon abhängigen Kreisgröße können in der Mitte auch nur zwei oder drei Kinder mit Softbällen spielen.

Spiel auch in „Ballspiele im Kindergarten" von Elke Gulden und Bettina Scheer, Don Bosco 2011

PASS – SCHUSS – TOR!

EINE KURZE KLANGGESCHICHTE MIT EIGENER DYNAMIK

Instrumente: Klanghölzer, Handtrommel, Rührtrommel, Glöckchen

Pass und .... *Klanghölzer 1× schlagen*
Schuss – .... *Handtrommel 1× schlagen*
der Ball rollt vor.
Er läuft direkt ins gegnerische Tor. .... *Rührtrommel*
Juchhu! .... *Glöckchen*

Besonders viel Spaß macht die Klanggeschichte, wenn die Kinder im Kreis sitzen und die Kinder mit je 1 Instrument dabei in der Reihenfolge nebeneinander sitzen, wie sie in dem Vers zum Einsatz kommen. Die Kinder spielen nun nacheinander ihr Instrument, während die Erzieherin bei jeder Wiederholung des Verses schneller spricht. Da heißt es gut aufgepasst, damit man den Einsatz nicht versäumt.

FUSSBALLQUIZ

EIN WISSENS-RATE-AUSKENNSPIEL

Material: 4 lange Seile

Der Raum wird durch das Auslegen von 4 Seilen auf den Boden in 5 ungefähr gleich große Abschnitte geteilt. Alle Kinder stehen im ersten Abschnitt. Nun werden Fußballfragen gestellt. Jedes Kind, das die Antwort weiß, meldet sich. Ein Kind wird aufgefordert, seine Antwort laut zu geben. Nun dürfen alle anderen Kinder sich entscheiden, ob sie dieser Antwort zustimmen. Ist die Antwort richtig, dürfen all diejenigen Kinder, die richtig gelegen haben, einmal um den Raum rennen und sich einen Raumabschnitt weiter vorne wieder aufstellen. War die Antwort falsch, treten alle Kinder, die falsch gelegen haben, einen Raumabschnitt zurück (stehen die Kinder noch im ersten Feld, so bleiben sie einfach stehen) und ein anderes Kind erhält die Chance, die richtige Antwort zu geben.

Mögliche Fragen können bspw. sein:

- Welche Farben hat ein Fußball? (schwarz-weiß)
- Wer ist der erste Torwart der deutschen Nationalmannschaft? (derzeit: Manuel Neuer)
- Welche Nummer trägt der Stammtorwart der deutschen Nationalmannschaft? (die 1)
- Welche Farbe hat das Heimspieltrikot z.B. von Bayern München? (derzeit: rot)
- Wer kennt den Namen eines Fußballstadions? (Allianz Arena, München; Signal Iduna Park, Dortmund; Mercedes-Benz Arena, Stuttgart; Stadion im Borussia-Park, Mönchengladbach; Veltins-Arena, Gelsenkirchen ...)
- Wie heißt Özil mit Vornamen? (Mesut)
- Ist ein Fußball rund? (Nein, er ist eckig und aus Sechs- und Fünfecken zusammengesetzt.)
- Wie viele Tore hat ein Fußballfeld? (2)

VARIANTE

Das Fußballquiz kann alternativ auch in einem Sitzkreis gespielt werden. Hierbei werden die Kinder der Reihe nach befragt. Ist die Antwort richtig, erhält das Kind eine Murmel. Dies ist insbesondere dann von Vorteil, wenn die Altersunterschiede der Kinder größer sind, da jüngeren Kindern somit einfachere Fragen gestellt werden können.

TOOOOOR!

EIN MUSIKSTOPPSPIEL

Material: 1 Ball für jedes Kind, 1 Matte, CD-Spieler, Laufmusik (bspw. Track 26 der gleichnamigen CD)

Eine große Matte wird als Tor an eine Zimmerwand gestellt. Jedes Kind erhält einen Ball, den es zunächst ruhig in Händen hält und mit dem es zur Musik durch den Raum läuft. Fällt der Ball einem Kind beim Laufen aus den Händen, so setzt es eine Runde aus. Stoppt die Musik, kommen alle Kinder in der Mitte des Raumes zusammen und stellen sich in einer Reihe hintereinander auf.
Bei jedem Musikstopp gilt es den Ball auf eine bestimmte vorgegebene Weise ins Tor, also in Berührung mit der blauen Matte, zu bringen. Der Abstand zum Tor wird von der Erzieherin vorgegeben und ist abhängig von der Aufgabe. Soll der Ball mit dem Fuß geschossen werden, muss der Abstand selbstverständlich größer sein, als wenn er mit dem Kopf angestoßen in das Tor rollen soll.

Mögliche Aufgabenstellungen können sein:

- mit dem Fuß kicken
- mit einer Hand werfen
- mit beiden Händen von über dem Kopf werfen
- mit dem Kopf zum Rollen anstoßen
- mit dem Po anstoßen
- mit einer Hand aus dem flachen Liegen auf dem Bauch anstoßen
- mit dem Rücken zur Matte stehen und den Ball zwischen den gespreizten Beinen durchwerfen

FAHRZEUGE

War das Rad erst mal erfunden
hat man es gleich zweckgebunden:
'nen Wagen hat man so gebaut
und Waren oben drauf gestaut.
Kutschen folgten bald darauf,
Pferde zogen sie bergauf.
Dann kam schon die Dampfmaschine
und die Motor-Limousine.
Sie hatte damals zwei Zylinder,
Carl Friedrich Benz war der Erfinder.

MEIN SCHNELLER ROTER FLITZER

EIN LIED

Text: Elke Gulden, Bettina Scheer, Musik: Ralf Kiwit

Aufstellung: Alle Kinder stehen frei in einem großen Kreis.

1. Mein schneller roter Flitzer — *alle Kinder zeigen mit dem rechten Zeigefinger auf sich selbst*

   startet den Motor — *mit der rechten Hand einen imaginären Zündschlüssel im Schloss drehen*

   und fährt brumm brumm brumm auf der Autobahn herum. — *sich um die eigene Achse drehen, Arme dabei am Körper anwinkeln und mitnehmen*

   Mit hohem Tempo rast er fort und bringt uns schnell von Ort zu Ort — *die Kinder reichen sich die Hände und gehen im Kreis rechts herum, am Ende lösen sie die Hände wieder*

2. Mein großer gelber Bagger *siehe oben*
startet den Motor
und fährt brumm brumm brumm
auf der Baustelle herum.
Erst hebt er große Löcher aus,
dann baut man dort ein neues Haus.

3. Mein großer blauer Traktor *siehe oben*
startet den Motor
und fährt brumm brumm brumm
auf dem Bauernhof herum.
Im Frühling dient er dort beim Säen,
im Herbst hilft er dem Bauern Mähen.

4. Mein kleines beiges Taxi *siehe oben*
startet den Motor
und fährt brumm brumm brumm
in der ganzen Stadt herum.
Es fährt die Gäste an ihr Ziel,
kein einz'ger Weg wird ihm zu viel.

5. Mein großer weißer Laster *siehe oben*
startet den Motor
und fährt brumm brumm brumm
auf der Landstraße herum.
Die großen und die schweren Waren
werden von ihm rumgefahren.

6. Mein großer Mischer für Beton *siehe oben*
startet den Motor
und fährt brumm brumm brumm
im neuen Baugebiet herum.
Damit nichts klebt, wenn's länger steht,
wird seine Trommel stets gedreht.

VARIANTE

Nach unserer Erfahrung bereitet es den Kindern besonders viel Vergnügen, wenn jedes zu Beginn eine Fahrzeugrolle erhält. In jeder ersten Strophenzeile treten dann die Kinder, die das besungene Fahrzeug spielen mit einem großen Schritt in den Kreis. Dabei führen sie die gleichen Bewegungen wie alle anderen Kinder aus. Zu den letzten beiden Strophenzeilen dürfen sie im Takt im Kreis herum laufen, während alle anderen Kinder von ihrem Platz aus zusehen und im Grundschlag klatschen. Am Ende kehren die „Fahrzeugkinder“ an ihren Platz im Kreis zurück.

WIR WOLLEN EINE REISE MACHEN

EINE KLEINE KLANG-GESCHICHTE

Instrumente: Klanghölzer

Wir wollen eine Reise machen und packen unsre sieben Sachen.	*Klanghölzer umeinander rollen*
Das Auto steht schon vor dem Haus, kommt, wir tragen alles raus.	*Klanghölzer im Wechsel senkrecht auf den Boden tippen*
Ein Jeder legt sein'n Koffer rein und steigt dann selbst ins Auto ein.	*nacheinander schlägt jedes Kind 1× seine Klanghölzer senkrecht aneinander, dann tippt es ein Klangholz auf den Boden*
Dann gehen alle Türen zu, das Schlimmste ist geschafft – juchhu!	*nacheinander schlägt jedes Kind 1× laut seine Klanghölzer an*
Den Schlüssel rein, den Motor an, das Auto fährt so schnell es kann.	*Klanghölzer waagerecht halten und die beiden Enden aneinander schlagen, dann die Klanghölzer wie ein Lenkrad halten und mit dem Mund Motorengeräusche imitieren*

VARIANTE

Zur Stimmschulung kann die Autofahrt im Anschluss an die Klanggeschichte mit Mundgeräuschen weiter ausgebaut werden, angefangen bei einem stotternden Motor, der erst nach einigen Versuchen anspringt über langsame und schnelle Fahrtabschnitte und hörbares Schalten durch Variieren der Tonhöhe bis hin zu quietschenden Bremsen.

FAHRENDE TRANSPORTER

EIN BALLSPIEL

Material: 2 Rollbretter, 4 Tauchringe, 4 Handbälle, viele Tennisbälle

Die Kinder sitzen in einer Linie auf ihren Unterschenkeln. Jeweils zwei Handbälle werden auf je einem Tauchring auf ein Rollbrett gelegt und von der Erzieherin auf der einen Seite angestoßen, so dass sie in einem Abstand von ca. zwei Metern an den Kindern vorbei fahren. Diese versuchen mit den Tennisbällen die Handbälle von den Rollbrettern herunterzuwerfen.

TIPP Wird an einem Ende des Rollbrettes ein Haken hineingeschraubt, kann dort ein Seil befestigt und das Rollbrett durch den Raum gezogen werden.

Spiel auch in „Ballspiele im Kindergarten“ von Elke Gulden und Bettina Scheer, Don Bosco 2011

STRASSENGERÄUSCHE RATEN

Die Tracks 30 – 35 auf der gleichnamigen CD geben Straßengeräusche wieder. Können die Kinder alle erraten?

Track 30: Autohupe
Track 31: Ein Motorrad startet
Track 32: Fahrradklingel
Track 33: Ein Auto bremst
Track 34: Ein Automotor startet
Track 35: Polizeisirene

AUTOS IM STRASSENVERKEHR

Material: Bildkarten, CD-Spieler, Laufmusik (ca. 180 bpm)

Vorbereitung: Die 3 Bildkartenvorlagen (s. S. 58) werden auf stärkeres Papier kopiert, ausgeschnitten und idealerweise laminiert, sodass sie mehrfach verwendet werden können. Außerdem werden eine rote und eine grüne Karte für die Ampelfarben benötigt.

Alle Kinder spielen Autos und bewegen sich den Bildkarten entsprechend durch den Raum. Dabei hält die Erzieherin jeweils eine der Karten gut sichtbar nach oben.

rote Karte:	alle Kinder stellen sich hintereinander auf
grüne Karte:	alle Kinder laufen weiter hintereinander bis zur nächsten Wand, die sie mit einer Hand anschlagen, dann laufen sie frei weiter
kurvige Bergstraße:	alle Kinder laufen frei durch den Raum
Autobahnschild:	alle Kinder rennen auf geraden Linien durch den Raum
Einsatzfahrzeug:	alle Kinder bleiben sofort stehen

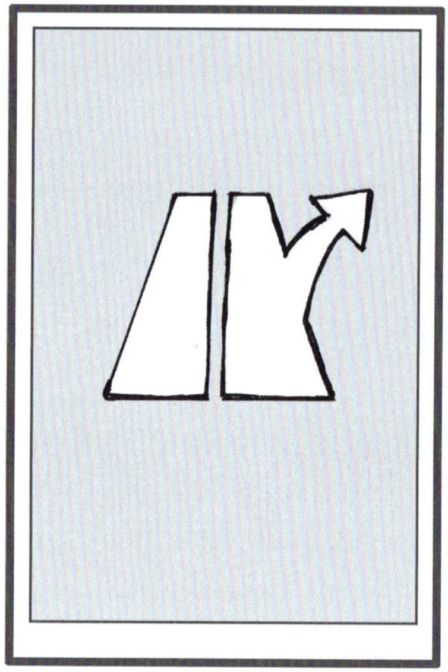

TIPP Animierender wirken die drei Bildkarten, wenn diese vor dem Laminieren noch farbig angemalt werden.

AUTORENNEN

EIN GESCHICKLICH-KEITSSPIEL

Material: 2 ferngesteuerte Autos, 10 Pylonen, 2 Langbänke

Jeweils 5 Pylonen werden in einigem Abstand hintereinander in einer Reihe aufgestellt. Zwischen den beiden Pylonenreihen sollte möglichst viel Abstand liegen. Ungefähr einen Meter vor der ersten Pylone einer jeden Reihe steht eine Langbank quer.
Die Kinder werden in zwei gleich große Gruppen eingeteilt. Jede Gruppe setzt sich auf ihre Bank. Die beiden ersten Kinder jeder Gruppe erhalten die Fernsteuerung für ihr Auto, das vor ihnen auf dem Boden steht. Auf ein Startzeichen lenken sie ihr Auto im Slalom um alle Pylonen herum. Am Ende fährt das Auto jeweils außen auf geradem Weg zurück. Die Fernbedienung wird an den nächsten Spieler weitergegeben.
Zu Beginn des Spiels gibt die Erzieherin bekannt, nach welchem Kriterium der Sieg bewertet wird. Dieser kann sich entweder nach den geringsten umgefallenen, berührten oder zu umfahren vergessenen Pylonen berechnen, nach der schnellsten gefahrenen Zeit oder einer Kombination aus Beidem.

Das Spiel ist eine gute Übung für die Förderung der Auge-Hand-Kombination. In der Regel können Kinder die Fernsteuerung im Laufe des 5. Lebensjahres bedienen. Es gilt: Je jünger die Kinder sind, desto größer sollten die Abstände zwischen den Pylonen sein.

FORMEL 1

Material: 2 Rollbretter, Kästen oder Pylonen

Mit Kästen oder Pylonen werden parallel zwei kleine, identische Parcours im Bewegungsraum aufgebaut. Die Kinder bilden zwei Mannschaften und fahren nacheinander auf Rollbrettern um die Hindernisse. Welcher Rennstall gewinnt?

IN DER AUTO-WASCHSTRASSE

EIN WAHRNEHMUNGSSPIEL FÜR WARME SOMMERTAGE

Material für jedes Paar: 1 Sprühflasche mit feinem Sprühkopf (wie sie bspw. für Pflanzen verwendet wird) mit etwas Wasser, 2 Igelbälle, 1 weicher, sauberer Schwamm, 1 weiches Handtuch

Die Kinder gehen paarweise zusammen. Dabei sollten Arme, Beine oder Rücken frei von Kleidung sein. Ein Kind spielt das Auto, das andere Kind die Waschstraße mit den verschiedenen Waschfolgen. Anschließend werden die Rollen getauscht.

1. Zuerst werden die Arme der Kinder mit Wasser angesprüht.
2. Die Arme werden mit zwei Igelbällen massiert.
3. Die Arme werden mit einem weichen Schwamm kreisförmig abgerieben.
4. Die Arme werden nochmals mit Wasser angesprüht.
5. Sanft über die Arme pusten.
6. Die Arme mit einem weichen Handtuch abreiben.

Im Sommer kann das Spiel gut mit Badehose im Garten umgesetzt werden.
Aber natürlich funktioniert das Spiel auch als reines Partnerspiel auf dem Boden. Dann sollte allerdings auf das Wasser verzichtet werden.

GEISTERSTUNDE

Ich sage euch, gebt bloß gut Acht,
wenn Vollmond ist und Mitternacht.
Dann treffen sich fünf Geisterwesen:
Zunächst kommt die Hexe auf ihrem Besen.
Ein Skelett trifft dann als nächstes ein,
ein Vampir verdeckt den Mondenschein.
Ein Gespenst gesellt sich noch hinzu,
und flüstert zart: „Huhu huhu".
Zum Schluss kommt eine Fledermaus
unheimlich wird es jetzt in jenem Haus.
Niemand weiß, was sie dort machen,
doch manchmal hört man sie ganz leise lachen.
Drum sag ich euch, gebt bloß gut Acht,
wenn Vollmond ist und Mitternacht.

DIE GESPENSTERSCHAR

EIN LIED

Text: Elke Gulden, Bettina Scheer, Musik: Ralf Kiwit

gesprochen:
1. Hört ihr, wie sie nachts laut lachen, weil sie um 12 Uhr Party machen?

Refrain:
Hu, hey hu, hua,
im Schloss wohnt die Gespensterschar.
Hu, hey hu, hu bäng,
singt die wilde Geistergang.

1. Strophe
Hört ihr, wie sie nachts laut lachen,
weil sie um 12 Uhr Party machen?

Refrain:
Hu, hey hu, hua, ...

2. Strophe
Und läuft ein Jemand um 'ne Ecke,
ruft's laut „Buh“, dass er sich erschrecke.

Refrain:
Hu, hey hu, hua, ...

3. Strophe
Hört ihr, wie Kristalle klingen,
weil sie sich am Lüster schwingen?

Refrain:
Hu, hey hu, hua, ...

4. Strophe
Manchmal hört man Türen knarren,
weil sie im Schlüsselloch verharren.

Refrain:
Hu, hey hu, hua, ...

Für dieses Lied sollte der Raum verkleinert werden, bspw. durch Langbänke oder Matten. Das dadurch entstehende Quadrat sollte so groß sein, dass sich die Kinder darin gut umeinander herum bewegen können, d.h. steht jedes Kind bewegungslos an einem Platz, kann es mit ausgebreiteten Armen einen weiteren großen Schritt in jede Richtung machen, ohne an ein Nachbarkind zu stoßen.

Die Kinder stehen zunächst gleichmäßig verteilt in den vier Ecken des Raumes. Am Anfang des Liedes kommen sie in den zuvor geschaffenen abgetrennten Raum aus allen Richtungen hineingelaufen.
Während der Refrains schweben die Kinder durcheinander und um sich herum. Während der Strophenzeilen sammeln sie sich mit Tippelschritten alle ganz eng in der Mitte zusammen, um am Ende plötzlich auseinander zu stieben.

HA HE HI HO HU – GEISTERSTUNDE IST'S IM NU

EIN GEISTERHAFTES FINGERSPIEL

Die Geistergang zur Geisterstunde dreht ihre wilde Geisterrunde.	*alle 10 Fingern vor dem Körper in einem Kreis rund tanzen lassen*
Kaum sind sie hier,	*Finger links vom Körper zappeln lassen*
schon sind sie da:	*Finger rechts vom Körper zappeln lassen*
ha ha ha ha, ha ha ha ha.	*Hände zu einem Trichter an den Mund legen*
Sie können die Gestalt verändern	*Hände zu einer Faust formen, Handgelenke vor dem Körper überkreuzen*
und unerkannt den Flur lang schlendern,	*Finger auf den Boden aufsetzen (Hände sind noch immer überkreuz) und Finger nach außen tippeln lassen*
so dass kein Mensch sie jemals seh:	*Hände über die Augen legen*
he he he he, he he he he.	*Hände zu einem Trichter an den Mund legen*
Sie fliegen quer durchs ganze Schloss –	*Finger zappelnd nach links oben führen, dann wieder diagonal nach unten und nach rechts oben führen*
vom Turm	*Finger zappeln senkrecht über dem Kopf*
bis in das Erdgeschoss.	*und vor dem Bauch*
Nur in den Keller geh'n sie nie:	*Hände flach auf den Boden legen*
hi hi hi hi, hi hi hi hi	*Hände zu einem Trichter an den Mund legen*
Im Keller ist es furchtbar kalt Da wird nicht mal ein Geist sehr alt.	*Arme auf der Brust kreuzen, Hände reiben über die Oberarme*
Sie kitzeln lieber einen Floh:	*Finger zappelnd vor dem Körper bewegen*
ho ho ho ho, ho ho ho ho.	*Hände zu einem Trichter an den Mund legen*

Sie schaukeln auf den Kerzenlüstern. *Arme von links oben in einem Halbkreis über*
Man hört sie in den Schränken flüstern. *unten nach rechts oben schaukeln und Finger*
So schnell vergeht die Zeit im Nu: *dabei zappeln lassen*
hu hu hu hu, hu hu hu hu. *Hände zu einem Trichter an den Mund legen*

Die Erzieherin spricht jeweils die ersten drei Zeilen der Strophen, zu denen sie mit den Kindern die Fingerbewegungen ausführt. Die vierte Zeile sprechen die Kinder immer mit. Dabei sollte die Stimme natürlich geisterhaft klingen.

GEISTER, GEISTER

EIN KLEINES KREISSPIEL

Geister, Geister leben überall,
fliegen flugs durch Raum und Schall.
Sie toben, schaukeln wild umher,
schweben, wirbeln kreuz und quer.

Alle Kinder stellen sich in einem großen Kreis mit genügend Abstand voneinander auf und reichen sich die Hände.
Drei Kinder werden als Geister ausgewählt und schweben durch die Kreismitte. Während der zweiten Zeile tauchen sie unter den Armen der Kinder hindurch und fliegen außen um den Kinderkreis herum. Ab Zeile 3 schaukeln die Kreiskinder am Platz ohne ihre Hände zu lösen. Am Ende tippen die drei ausgeflogenen Geister jeweils einem Kind auf den Rücken. Diese Kinder sind die neuen Geister, während sich die alten Geister wieder in den Kreis integrieren.

TIPP Der Text kann auch auf die Melodie des traditionellen Kinderliedes „Ringlein, Ringlein, du sollst wandern“ gesungen werden.

GEISTER TREFFEN SICH UM ACHT

EINE KLEINE KLANG-GESCHICHTE

Instrumente: Handtrommel, Instrumente nach Wahl, Triangel

Geister treffen sich um acht, *8× auf die Handtrommel schlagen*
und dann wird laut Rabatz gemacht.

Ketten rasseln, Stöcke scheppern, *Instrumente nach Wahl*
Dielen knarzen, Zähne klappern.

Die Uhr schlägt zwei, die Geister geh'n. *Triangel 2× anschlagen*
Keiner ist jetzt mehr zu seh'n.

DER KLEINE NACHTGEIST

EINE BASTELANLEITUNG

Material: 1 durchsichtige teilbare Acrylbastelkugel (60–80 mm), 1 kleines Microknicklicht (25 mm), Reste eines weißen Vorhangstoffes, eines alten weißen Bettlakens oder eine Stoffwindel, ein Faden zum Aufhängen des Geistes, ein dicker schwarzer Filzstift

Die Acrylkugel wird geöffnet und das Microknicklicht, das zuvor durch Knicken aktiviert wurde, wird hineingelegt. Nachdem die Kugel wieder geschlossen wurde, wird ein kleiner Schlitz in die Mitte des Stoffes geschnitten, so dass der Aufhänger der Kugel hindurchgesteckt werden kann. Nun muss nur noch ein Faden zum Aufhängen des Geistes durch den Aufhänger gezogen und an seinem Ende verknotet werden. Mit dem dicken Filzstift erhält der Geist noch zwei Augen und einen lachenden Mund.

HEXEN, GEISTER UND VAMPIRE

EINE KLEINE KLANG-GESCHICHTE

Instrumente: Reco-Guiro, Rasseln, Shekere, Schellenkranz, Fingercymbeln, Cabasa, Handtrommel, Stielkastagnette

Hexen, Geister und Vampire, ... *Reco-Guiro, Rasseln, Shekere*
und auch gruselige Tiere,
wie Fledermäuse, Eulen, Spinnen, ... *Schellenkranz, Fingercymbeln, Cabasa*
sitzen nachts auf Burgturmzinnen.

Tags tun sie als sei gar nichts gewesen, ... *Stille*
dabei treiben Zauberer und Magierwesen ... *Handtrommel gerieben, Stielkastagnette*
bei Vollmond hier so manchen Streich.
Glaub's! Glaub's nicht! Mir ist das gleich. ... *Stille*

Der kleine Vers sollte sehr langsam und dabei mit einer flüsternden, geheimnisvollen Stimme gesprochen werden. Erst in der letzten Zeile hebt sich die Lautstärke.

VARIANTE

Glaub's! ... *die Handinnenfläche der linken Handfläche zeigen*
Glaub's nicht! ... *die Handinnenfläche der rechten Handfläche zeigen*
Mir ist das gleich. ... *mit beiden Händen auf sich zeigen, dabei das Wort „Mir“ betonen, anschließend beide Handinnenflächen offen vor den Körper halten*

GEISTERNACHT IM GESPENSTERSCHLOSS

EIN BEWEGUNGS-SPIEL

Material: CD-Spieler, CD Track 27

Es geistert, es gespenstert, es spukt im Schloss. Natürlich gefällt das dem Schlossherrn gar nicht, denn es versetzt seine Schlossgäste in Angst und Schrecken. Fieberhaft versucht er das mitternächtliche Treiben zu verhindern. Das wäre ja auch alles gar kein Problem, wenn er nur wüsste, wo genau im Schloss sich die Gespensterschar befindet.

Alle Kinder stehen verteilt im Raum. Track 27 auf der gleichnamigen CD beginnt mit den 12 Schlägen der großen alten Schlossturmuhr. Zu jedem Schlag gehen die Kinder am Platz ein wenig in die Knie und richten sich wieder auf.
Anschließend ist gespenstisches Lachen zu hören, zu dem die Kinder durch den Raum schweben. Dabei tippeln sie auf Zehenspitzen und führen Flügelbewegungen mit den Armen aus. Doch als sie das Knarzen der schweren Holztür im 1. Stock bemerken, bleiben sie sofort regungslos in der Bewegung stehen. Nun erklingen die lauten Schritte des Hausherrn. Erhobenen Hauptes schreiten die Kinder durch den Raum. Dabei nehmen sie das zu hörende Schritttempo auf. Ihre Hände stützen sie in der Hüfte ein und ihr Kopf bewegt sich suchend von rechts nach links. Langsam werden die Schritte leiser und jedes Kind geht in eine Raumecke. Mucksmäuschenstill ist es jetzt in dem Raum. Anscheinend ist der Schlossherr in sein Schlafgemach zurückgekehrt. Zeit für die kleinen Gespensterchen ihre Party fortzusetzen.
Am Ende erklingt ein einzelner Gongschlag – 1 Uhr! Höchste Zeit zum Schlafen für alle!

VARIANTE

Anstelle des CD-Tracks kann die Geschichte auch einfach selbst instrumentiert werden.

Instrumente: Triangel, Reco-Guiro, Handtrommel, Glockenspiel (pentatonisch)

Die Triangel kann die Turmuhr symbolisieren. Das Reco-Guiro übernimmt das Knarzen der Türe und eine Handtrommel die Schritte des Schossherren. Für die Gespenster schlagen wir ein pentatonisches Glockenspiel vor, das im Glissando gespielt wird (dabei werden die Töne nicht einzeln angeschlagen, sondern der Schlegel gleitet über die Klangplatten).
Natürlich kann auch ein diatonisches Instrument verwendet werden oder auch ein Xylophon.

GEISTERQUIZ MIT TASCHENLAMPE

EIN RATESPIEL FÜR KLEINE GEISTER

Material: 1 Taschenlampe für jedes Kind
Die Kinder werden gebeten von zuhause eine Taschenlampe mitzubringen.

Alle Kinder sitzen in einem abgedunkelten Raum in einem Kreis. Jedes Kind hat eine ausgeschaltete Taschenlampe in der Hand. Die Spielleitung beginnt mit einer Rätselbeschreibung, wie bspw: „Man kann es essen. Es ist eine Obstsorte. Es hat einen Stein in der Mitte. Es ist klein und rot.“ Wann immer ein Kind die Antwort weiß, schaltet es seine Taschenlampe an. Am Ende wird ein Kind aufgefordert, die Antwort zu geben.
Natürlich können auch einfach nur einzelne Fragen gestellt werden, z.B. „Welches Tier weckt morgens auf dem Bauernhof alle Bewohner?“ „Welche Farbe hat eine Gewitterwolke?“ oder „Wer kann einen Fußballspieler nennen?“ Allerdings gehen hier sehr schnell sehr viele Taschenlampen an und wenn der Altersunterschied der mitspielenden Kinder relativ groß ist, sind die jüngeren Kinder im Nachteil.

TIPP Das Spiel kann auch gespielt werden, wenn nur 5 oder 6 Taschenlampen vorhanden sind. In diesem Fall werden die Taschenlampen gleichmäßig im Kreis verteilt und nach einer beantworteten Frage immer an das nächste Kind weitergereicht.

MÜLL, MÜLL, MÜLL

In der Natur kommt Müll nicht vor,
denn sie bringt aus Allem etwas Neues hervor:
So hält die Erde zu jeder Zeit
stets Nährstoffe für den Baum bereit.
Er kann im Frühjahr grün ausschlagen,
im Sommer süße Früchte tragen.
Im Herbst fallen dann die Blätter runter,
sie machen Insekten und Würmer munter
und wandeln Laub in Erde um,
den Baum erfreut das rundherum.

ICH BIN DER CHEF VOM WERTSTOFFHOF

EIN LIED

Text: Elke Gulden, Bettina Scheer, Musik: Ralf Kiwit

Aufstellung: Alle Kinder stehen frei im Raum.

Refrain:

Ich bin der Chef vom Wertstoffhof, viele denken, Müll ist doof. Doch kommt's auf die Sortierung an, da muss ich als Fachmann ran.	*mit Kinderhüpfern im Takt frei durch den Raum hüpfen*
Ich sortier den Müll ganz fix, denn ohne mich, da geht hier nix.	*jedes Kind sucht sich einen Partner und stellt sich ihm gegenüber*

1. Strophe

Leute kommen mit großen Taschen, voll mit Glas und bunten Flaschen.	*die Kinder haken ihre rechten Arme unter, stützen die linken Hände in der Hüfte ein und drehen sich als Paar im Uhrzeigersinn*
Weiße, grüne und auch braune sortier ich schnell, schau zu und staune.	*die Kinder haken die linken Arme unter, stützen ihre rechten Hände ein und wechseln die Drehrichtung*

Refrain:

Ich bin der Chef vom Wertstoffhof, …	*jedes Kind hüpft wieder frei durch den Raum*

2. Strophe

All die vielen Plastiksorten, die die Menschen sorglos horten, werd'n sortiert, ob weich, ob hart, ganz genau nach Herkunftsart.	*siehe 1. Strophe*

Refrain:

Ich bin der Chef vom Wertstoffhof, …	*siehe oben*

3. Strophe

Elektroschrott wird viel gebracht, von mir persönlich überwacht. Ob Fernseher, ob EDV, wohin das kommt, weiß ich genau.	*siehe 1. Strophe*

Refrain:
Ich bin der Chef vom Wertstoffhof, ... *siehe oben*

4. Strophe
Papier und Pappe kommt zusammen, *siehe 1. Strophe*
da sie aus einem Rohstoff stammen.
Es wird gerüttelt und gepresst,
damit sich noch mehr stauen lässt.

Refrain:
Ich bin der Chef vom Wertstoffhof, ... *siehe oben*

5. Strophe
Bauschutt nehm' ich gerne an, *siehe 1. Strophe*
weil ich dann viel sortieren kann.
Holz, Stein, Fliesen und Metalle
trennen wir in unsrer Halle.

Refrain:
Ich bin der Chef vom Wertstoffhof, ... *siehe oben*

VARIANTE

Wenn die Kinder das Lied gut kennen, so kann die letzte Zeile des Refrains mit zwei zusätzlichen Bewegungen erweitert werden:
„denn ohne mich ...": jedes Kind zeigt auf sich selbst
„... da geht hier nix.": die Hände auf der Brust kreuzen

TIPP Wenn Sie die gleichnamige CD besitzen und dazu tanzen, so lösen die Partnerkinder ihre Verbindung nach jeder Strophe und verbeugen sich voreinander während der musikalischen Bridge, die zwischen Strophe und Refrain zu hören ist.

DIE MÜLLABFUHR

EIN FINGERSPIEL

Müllmänner müssen bei jedem Wetter ran,	*alle 10 Finger zappelnd in der Luft bewegen*
weil der Müll nicht warten kann.	*beide Zeigefinger hin und her wiegen*
Sie kommen zu der angesagten Zeit,	*mit dem rechten Zeigefinger auf eine imaginäre Uhr am linken Handgelenk tippen*
ganz egal, ob's regnet	*Fingerspitzen auf den Boden tippeln*
oder schneit.	*alle Finger zappelnd von oben nach unten bewegen*
Orangefarb'ne Kleidung haben sie an	*beide Hände am eigenen Körper von den Schultern nach unten bewegen*
mit vielen Reflektoren dran.	*auf die Ellenbogen und die Knie deuten*
Langsam fahr'n sie durch die Gassen,	*ein imaginäres Lenkrad langsam bewegen*
um keine Tonne zu verpassen.	
Der Müllmann setzt die Tonne an,	*eine Hand zu einer Faust formen, der Daumen ist oben*
dann ist der Tonnenheber dran.	*mit der anderen Hand diesen Arm entlangfahren*
Der Behälter wird dann hochgehoben,	*den Arm mit der Faust heben*
gekippt, geleert, zurückgeschoben.	*kippen, wieder senkrecht stellen, Faust absenken, Arm an den Körper heranziehen*

MÜLL IST NICHT GLEICH MÜLL

EIN MUSIKSTOPPSPIEL

Material: 1 blaues Papierblatt, 1 grünes Papierblatt, 1 gelbes Papierblatt oder Kreppband in den entsprechenden Farben, CD-Spieler, Laufmusik (ca. 160–180 bpm)

Drei Raumecken werden mit den Papieren gekennzeichnet und damit als Papiermüll (blau), Biomüll (grün) und Plastikmüll (gelb) gekennzeichnet.
Alle Kinder laufen zur Musik frei durch den Raum. Stoppt die Musik, nennt die Erzieherin einen Gegenstand, der eindeutig einer der drei Müllgruppen zugeordnet werden kann. Jedes Kind begibt sich in die Müllecke, in der es den Gegenstand entsorgen würde. Einige Beispiele hierfür finden sich auf Seite 76 (s. Spiel „Wir trennen den Müll“).

MÜLL = DRECK UND DRECK = SCHLAMM

EINE SOMMER-SCHLAMMSCHLACHT

Voraussetzung: ein heißer Sommertag
Material: viel Sand und noch mehr Wasser, ein Gartenschlauch

Alle Kinder erscheinen in einer Badehose. Zunächst gilt es, den Sand im Sandkasten vorzubereiten. Mit Wasser aus Gießkannen vermischt wird er zu einem Schlammbeet. Sobald er die gewünschte Konsistenz hat, kann es losgehen. Die Kinder seifen sich gegenseitig mit dem braunen Matsch ein. Am Ende werden sie im Garten mit dem Gartenschlauch abgespritzt.

WIR TRENNEN DEN MÜLL

Material: Schminkfarben in gelb, grün (oder braun, abhängig von der Sortierfarbe der Gegend), blau, grau; 4 Schminkschwämme (für jede Farbe einen)

Vorbereitung: Färben Sie die Hände der mitspielenden Kinder (mindestens zwei) rundherum in einer der vier Farben. Mit Hilfe der Schwämme lässt sich die Farbe schnell und problemlos auftragen. Wird dabei so wenig Wasser wie möglich eingesetzt, ist die Farbe sehr rasch trocken.

Zunächst wird gemeinsam besprochen, welcher Abfall in welche Tonne gehört. Während des Spiels sind dann alle Mülltonnen sichtbar. Es öffnen sich jedoch immer nur die Deckel der Tonnen, in die der genannte Abfall auch wirklich entsorgt werden soll. Vielen Kindergartenkindern fällt die Materialzuordnung zunächst noch schwer. Daher sollten anfangs die Überbegriffe genannt werden. Mit der Zeit lassen sich die Begriffe ausdifferenzieren. Die Vorschläge der Kinder werden aufgegriffen und entsprechend zugeordnet, beispielsweise:

- Becher (Joghurtbecher, Quarkbecher, Sahnebecher etc.)
- Getränketüten/Tetrapacks (Milchtüten, Safttüten etc.)
- Papier (Zeitungspapier, Briefpapier, Geschenkpapier etc.)

Natürlich kann jede Hand auch nur mit einem einzelnen Farbtupfer versehen werden.

Wir trennen den Müll, das ist doch klar,
was andres wär' wirklich sonderbar.

Rohstoffe zum Wiederverwenden,
soll'n in der Gelben Tonne enden. *gelbe Faust zeigen*

Alles, was sich natürlich zersetzt
wird in die Grüne (Braune) Tonne gefetzt. *grüne Faust zeigen*

Papier fliegt in die große Blaue, *blaue Faust zeigen*
der kleine Rest kommt in die Graue. *graue Faust zeigen*

Deckel auf und Zeitung rein, *Daumen der blauen Faust heben*
Deckel zu – so soll es sein! *Daumen senken*
Deckel auf und (Obst-) Schale rein, *Daumen der grünen Faust heben*
Deckel zu – so soll es sein! *Daumen senken*
Deckel auf und (Joghurt-) Becher rein, *Daumen der gelben Faust heben*
Deckel zu – so soll es sein! *Daumen senken*

Deckel auf und Watte rein, – *Daumen der grauen Faust heben*
Deckel zu – so soll es sein! – *Daumen senken*
usw. – *usw.*

Spiel auch in „Handtheater & Fingerspiele“ von Elke Gulden und Bettina Scheer, Don Bosco 2010

VARIANTE

Der Vers lässt sich auch sehr einfach als Klanggeschichte gestalten.

Instrumente: Reco-Guiro, Rasseln, Handtrommel

Wir trennen den Müll, das ist doch klar,
was andres wär’ wirklich sonderbar.
Deckel auf – *Reco-Guiro*
und Zeitung rein, – *Rasseln*
Deckel zu – so soll es sein! – *Handtrommel 1× anschlagen*
Deckel auf und … – *Reco-Guiro*
usw.

DINOSAURIER

Vor 200 Millionen Jahren
lebten Dinosaurier ohne viel' Gefahren.
Die Dinos waren die Größten
und Stärksten auf der Welt.
Der Tyrannosaurus Rex
ist heute noch ein Held.

DINOS, DINOS

EIN LIED

Text: Elke Gulden, Bettina Scheer, Musik: Ralf Kiwit

Aufstellung: Alle Kinder sitzen in der Hocke frei verteilt im Raum.

1. Strophe

Dinos, Dinos schlüpfen aus dem Ei. *aufstehen, sich um die eigene Achse drehen*
Dinos, Dinos freuen sich: „Juchhei!“ *am Platz von einem Bein aufs andere hüpfen*
Erst tapsen sie tollpatschig rum, *durch den Raum tapsen*
dann sehn sie sich noch einmal um.
Dinos, Dinos schlüpfen aus dem Ei. *sich um die eigene Achse drehen*
Dinos, Dinos freuen sich: „Juchhei!“ *am Platz von einem Bein aufs andere hüpfen*

2. Strophe

Dinos, Dinos toben wild herum.	*Arme vor dem Körper umeinander rollen*
Dinos, Dinos jag'n sich ringsherum.	*am Platz von einem Bein aufs andere hüpfen*
Sie spielen Fangen mit dem Schwanz,	*durch den Raum laufen*
und machen manchen Firlefanz.	
Dinos, Dinos toben wild umher.	*sich um die eigene Achse drehen*
Dinos, Dinos jag'n sich hinterher.	*am Platz von einem Bein aufs andere hüpfen*

3. Strophe

Dinos, Dinos wachsen ziemlich schnell.	*Arme senkrecht nach oben strecken, auf die Zehenspitzen gehen*
Dinos, Dinos sind sensationell.	*am Platz von einem Bein aufs andere hüpfen*
Jetzt stapfen sie ganz laut umher,	*durch den Raum stapfen*
denn sie sind wirklich groß und schwer.	
Dinos, Dinos wachsen ziemlich schnell.	*Arme senkrecht nach oben strecken, auf die Zehenspitzen gehen*
Dinos, Dinos sind sensationell.	*am Platz von einem Bein aufs andere hüpfen*

4. Strophe

Dinos, Dinos schlüpfen aus dem Ei.	*siehe 1. Strophe*
Dinos, Dinos freuen sich: „Juchhei!“	
Erst tapsen sie tollpatschig rum,	
dann sehn sie sich noch einmal um.	
Dinos, Dinos schlüpfen aus dem Ei.	
Dinos, Dinos freuen sich: „Juchhei!“	

Falls Sie die gleichnamige CD besitzen, können die Kinder sich natürlich zu der Musik des Track 16 bewegen. Während der instrumentalen Zwischenteile laufen sie fröhlich durch den Raum.

VARIANTE ALS KREISTANZ

Alternativ eignet sich die Musik auch für einen einfachen Kreistanz:
Während der ersten beiden Zeilen laufen die Kinder rechts im Kreis herum.

Zu Zeile 3 gehen sie in die Mitte, zu Zeile 4 rückwärts wieder aus der Mitte heraus. Während der letzten beiden Zeilen laufen die Kinder links im Kreis herum. Anschließend lösen sie ihre Hände und jedes Kind dreht sich während des kurzen Instrumentalteils um die eigene Achse.
Nach der 3. Strophe erfolgt auf der CD ein längeres instrumentales Stück, währenddessen die Kinder fröhlich frei durch den Raum laufen. Aber Vorsicht: bitte alle rechtzeitig wieder zurück in den Kreis.

VARIANTE ALS KREISSPIEL

Track 28 auf der gleichnamigen CD gibt eine Instrumentalversion des Liedes wieder. Hierzu lässt sich gut das folgende Spiel spielen, das bei den Kindern in der Regel sehr beliebt ist. Die Kinder bilden einen großen Kreis. Während des Liedes klatschen sie im Takt und gehen am Platz. Zwei Kinder, die zu Beginn ausgewählt werden, rennen einmal außen um den Kreis herum. Idealerweise stehen sie sich vorher im Kreis gegenüber. Sobald sie auf ihren Platz im Kreis zurückgekehrt sind, starten die beiden jeweils rechten Nachbarkinder ihre Runde um den Kinderkreis.
Natürlich kann das Lied für dieses Spiel auch einfach gemeinsam gesungen werden, wenn die CD nicht vorhanden ist.

EIN TAG IM LEBEN DES TYRANNOSAURUS REX

EIN STIMM-ERWÄRMUNGS-SPIEL

Jeden Morgen um sechs	*sechs Finger zeigen*
klingelt der Wecker für den Tyrannosaurus Rex.	
– Brrrrr –	*Weckerklingeln mit der Stimme imitieren*
Dann reckt er sich,	*rechten Arm nach oben strecken*
dann streckt er sich,	*linken Arm nach oben strecken*
dann steht er langsam auf	*aufstehen*
und streckt seinen megalangen Hals in den Himmel hinauf.	*Kopf leicht nach oben nehmen, über den Hals streichen*

Jeden Morgen um acht	*acht Finger zeigen*
hört man, wie der Tyrannosaurus Rex	
zum ersten Mal lacht.	
– Hahaha –	*Lachen mit der Stimme imitieren*
Er wäscht seinen Bauch,	*kreisförmig über den Bauch fahren*
er schrubbt seine Füße	*über die Fußsohlen fahren*
und gründlich die Zehen,	*die Zehen einzeln reiben*
dann kann er sauber durch die Landschaft gehen.	*durch den Raum gehen*
Jeden Mittag um drei	*drei Finger zeigen*
trifft sich der Tyrannosaurus Rex mit einem Papagei.	*jeweils zwei Kinder stellen sich gegenüber*
Sie plaudern, sie klönen,	*sie sehen rechts aneinander vorbei, sie sehen links aneinander vorbei, dabei auf „blablabla“ plappern*
sie quatschen und schwatzen,	*Wiederholung*
danach spielt er Fangen mit den Großwildkatzen.	*ein Kind läuft los, das andere verfolgt es*
Jeden Abend um sieben	*sieben Finger zeigen*
hört man den Tyrannosaurus Rex laut schnieben.	*durch die Nase schnieben*
Er gähnt, er reibt seine Augen	*gähnen und die Augen reiben*
und rümpft seine Nase,	*Nase rümpfen*
dann träumt er sich in die Tiefschlafphase.	*hinlegen und die Augen schließen*
– Schrrrrr –	*Schnarchen mit der Stimme imitieren*

DINOS WAREN GROSS UND SCHWER

EIN BEWEGUNGSSPIEL

Dinos, Dinos waren groß	*Arme lang nach oben strecken, dabei auf die Zehenspitzen gehen*
und schwer.	*Arme seitlich ausbreiten, einen Kreis andeuten*
Dinos, Dinos stampften laut umher.	*laut stampfen*
Sie wackelten mit ihrem Schwanz	*Po nach hinten strecken und wackeln*
und röhrten laut mit Resonanz.	*Hände zu einem Trichter an den Mund legen und röhren*
Doch das alles ist schon lange her.	*durch den Raum stampfen*

FÜNF KLEINE DINOS

EIN FINGERSPIEL

Ein Dino, zwei Dinos, drei Dinos, vier, fünf kleine Dinos habe ich hier.	*nacheinander die fünf Finger einer Hand zeigen*
Sie hüpfen	*Fingerspitzen auf den Boden tippen und Hand wieder nach oben führen*
und gehen,	*mit den Fingerspitzen über den Boden tippeln*
dann bleiben sie stehen.	*in der Bewegung verharren*
Sie hüpfen und laufen,	*Wiederholung*
dann sieht man sie raufen.	*die Fingerspitzen in schnellen Bewegungen immer wieder zusammenbringen*
Sie spielen Versteck	*die Finger zu einer Faust formen*
und sind plötzlich weg.	*die Hand hinter dem Rücken verstecken*

WENN DER T-REX HUNGER HAT

EIN LAUF- UND FANGSPIEL

Die Basis des Spiels entspricht dem traditionellen Kinderspiel „Fischer, Fischer, wie tief ist das Wasser?“
Ein Kind wird als Tyrannosaurus Rex ausgesucht und stellt sich auf einer Raumseite auf. Alle anderen Kinder stehen auf der gegenüberliegenden Raumseite.
Der Tyrannosaurus Rex bestimmt den Anfang des Spiels, indem er laut durch den Raum ruft:

Wenn der T-Rex Hunger hat,
reicht ihm auch kein grünes Blatt.
Dann sucht er sich ganz frisches Fleisch
und fängt euch alle jetzt sogleich.

Die Kinder versuchen laufend den Raum zu durchqueren und auf die andere Seite zu gelangen, während der Tyrannosaurus Rex auf die Jagd geht. Berührt er eines oder mehrere Kinder, so gilt die Beute als erlegt und die Kinder helfen ihm in der nächsten Runde.

WER IST DER STÄRKSTE?

EIN KRÄFTEMESSSPIEL

Wissenschaftler gehen heute davon aus, dass Zweikämpfe unter gleichaltrigen T-Rex-Exemplaren damals an der Tagesordnung waren. Anlass genug, um festzustellen, wer heute der stärkste Tyrannosaurus Rex im Raum ist.
Auf den Boden wird eine große dicke weiche Matte ausgelegt. Zwei T-Rexe betreten die Matte, reichen sich die Hände mit dem Versprechen, sich nicht gegenseitig zu verletzen und gehen anschließend auf die Knie. Nun legen sie ihre Hände auf die Schultern des Gegners und versuchen den jeweils anderen von der Matte zu schieben. Wer zuerst mit einem Körperteil den Boden berührt, hat verloren.

MEIN EIGENER TYRANNOSAURUS REX

EINE BASTELANLEITUNG

Material: 1 Vorlagenkopie der Saurierkörperteile, Toilettenpapierrollen, grüne Farbe, Pinsel, Scheren, Klebestift

Vorbereitung: Die Kopiervorlage wird einmal für jedes Kind auf grünes Papier kopiert. Idealerweise sollte das Papier etwas stärker sein (ca. 160 g).
Natürlich kann auch auf weißes Papier kopiert werden und die Kinder malen die Dinokörperteile mit grünem Buntstift an. Bei dieser Variante sollten die Kinder zuerst ausmalen und anschließend schneiden.

Jedes Kind erhält eine Toilettenpapierrolle, die es mit grüner Farbe anmalt. Während die Farbe trocknet, schneiden die Kinder die Körperteile des Dinosauriers aus. Anschließend werden am unteren Ende der Toilettenpapierrolle der Schwanz und die Füße angeklebt und die Hände werden mittig an der Vorderseite angebracht. Nun fehlt nur noch der Kopf, der oben an der Papierrolle angeklebt wird.

Das sind die Körperteile des T-Rex:

HEY HO, HEY HO, BEI DEN PIRATEN

Piraten segeln auf dem Meer,
sie treiben Tag und Nacht umher.
Dabei umfahr'n sie jedes Riff
mit ihrem großen Segelschiff.
Durchschiffen Wind, Sturm und Orkan,
der Käpt'n hat den Reiseplan.
Den Kurs, den hält der Steuermann,
weil er das am besten kann.
Der Maat gibt dazu den Befehl,
es rudern alle parallel.
Der Smutje ist der große Koch,
keiner guckt durchs Schlüsselloch.
Der Kleinste geht ins Krähennest,
ist hoffentlich ganz höhenfest.

HEY HO, WIR SIND DIE SEEMANNSPIRATEN

EIN LIED

Text: Elke Gulden, Bettina Scheer, Musik: Ralf Kiwit

Aufstellung: Jedes Kind sucht sich einen Partner. Beide Partnerkinder stehen dicht voreinander.

Refrain:

Hey ho,	*rechten Arm seitlich in Kopfhöhe anwinkeln und 2× an einem imaginären Seil bis Schulterhöhe ziehen*
hey ho!	*Wiederholung mit links*
Hey ho, hey ho!	*siehe oben*
Wir sind die Seemannspiraten.	*rückwärts gehen*
Hey ho, hey ho!	*siehe oben*
Das ist nicht schwer zu erraten.	*vorwärts gehen*
Hey ho, hey ho!	*siehe oben*
Gefürchtet sind wir weit und breit, man muss mit uns rechnen – jederzeit.	*Kinder haken ihre rechten Arme unter und drehen sich um ihre Achse*

1. Strophe

Wir segeln unter schwarzer Fahne, damit sie alle von weitem warne. Jeden, den wir treffen, rauben wir aus, uns zu begegnen ist ein Graus.	*durch den Raum gehen, am Ende vor einem neuen Partnerkind zum Stehen kommen*

Refrain:

Hey ho, hey ho! …	*siehe oben*

2. Strophe

Wir lieben Silber, Gold, Juwelen, was von Wert ist, werd'n wir stehlen. Alles, was wir finden, nehmen wir mit und schlagen dann daraus Profit.	*siehe 1. Strophe*

Refrain:

Hey ho, hey ho! …	*siehe oben*

3. Strophe

Wenn andre Schiffe uns entdecken, *siehe 1. Strophe*
verbreiten wir gleich Angst und Schrecken,
die Kanonen knallen – bum bum bum bum
fast alle drehen dann schnell um.

Refrain:

Hey ho, hey ho! … *siehe oben*

Gesprochen:

Doch, pssst!, was keiner wissen darf, *Zeigefinger senkrecht auf die Lippen legen*
eigentlich sind wir ganz brav. *über das ganze Gesicht grinsen*

Falls Sie das Lied zu der Musik auf der gleichnamigen CD tanzen, führen die Kinder zu allen „Hey ho"-Rufen die oben beschriebene Armbewegung immer im Wechsel aus.

PIRATEN RUDERN JETZT AN LAND

EINE KLEINE KLANG-GESCHICHTE

Instrumente: 1 Paar Klanghölzer für jedes Kind

Piraten rudern jetzt an Land, *Klanghölzer klopfen*
schon stehen sie an einem Strand. *Klanghölzer senkrecht stellen*
Sie geh'n nach rechts zum großen Baum, *auf den Boden nach rechts tippen*
darauf nach links, man glaubt es kaum. *auf den Boden nach links tippen*

Den Berg hinauf, den Hang hinab, *Klanghölzer senkrecht übereinander tippen*
die Schritte hört man: trapp, trapp, trapp. *im Wechsel auf den Boden klopfen*
Sie kommen an, *einmal auf den Boden tippen*
der Schatz ist weg, *„fragende Hände"*
zurück geht's zum Piratendeck. *im Wechsel auf den Boden klopfen*

MANNEN, SEID IHR ALLE DA?

EINE KLEINE KLANG-GESCHICHTE

Material: 1 große Trommel, Klanghölzer (1 Paar für jedes Kind), Glöckchen

Vorbereitung: In der Mitte des Raumes liegt die große Trommel, darum herum liegen die Klanghölzer sternförmig verteilt, Glöckchen in einem Korb oder Kasten bereithalten.

Aufstellung: Die Kinder befinden sich verteilt in den Ecken des Raumes.

„Mannen, seid ihr alle da?“	*Erzieherin ruft*
„Ja“, ruft die Piratenschar.	*Kinder antworten*
„Ran an die Schaufeln, fangt gleich an.	*Kinder laufen aus den Ecken zu den Klanghölzern*
Ein jeder gräbt so schnell er kann“.	*Klanghölzer nehmen*
Gesagt, getan, sie legen los	*Klanghölzer spielen*
und buddeln ein Loch, ganz riesengroß.	*alle Kinder schlagen gemeinsam die große Trommel mit ihren Händen*
„Geschafft, geschafft, wir haben's vollbracht“.	*Kinder rufen*
„Das habt ihr bravourös gemacht.	*Erzieherin antwortet*
Habt Dank. Nehmt euch so viel ihr wollt, an Edelsteinen, Silber, Gold“.	*Erzieherin bringt einen Kasten mit Glöckchen herbei*

Im Anschluss wird das Piratenlied (s. S. 89) mit diesen Glöckchen begleitet.

DER SCHATZ DES ALTEN KÄPT'N

EIN KLEINES BEWEGUNGSSPIEL

Material: Kiste mit einem Schwungtuch

Aufstellung: Die Kinder stehen, immer zwei nebeneinander, in einer Schlange.

Piraten marschierten, zwei an der Zahl,	*durch den Raum marschieren*
der eine war dick,	*Ausfallschritt nach außen, äußeren Arm seitlich ausstrecken*
der andre ganz schmal.	*Kinder stellen sich dicht an dicht, äußeren Arm zur Decke strecken*
Sie suchten nach dem verschwundenen Schatz, des alten Käpt'n Kliromifatz.	*mit dem Partner suchend durch den Raum gehen*
Urplötzlich blieben beide stehn,	*stehen bleiben*
bückten sich, sie hatten was gesehn.	*in die Hocke gehen*
Sie glaubten nicht, was sie grad entdeckten.	*Erzieherin stellt eine Kiste in den Raum*
„Ist das der Schatz des alten Käpt'n?“	*auf die Kiste zeigen*
Da stand die Kiste voll mit Gold.	*hinter der Kiste in der Anfangsschlange aufstellen*
Das Glück war ihnen wirklich hold.	*jubeln*
Sie trugen die Kiste an Bord	*das erste Paar hebt die Kiste auf und gibt sie über den Kopf an das dahinter stehende Paar weiter – so wird die Kiste bis zum letzten Paar transportiert; die Kinder dürfen sich nicht umdrehen*
und segelten damit glücklich fort.	*das Schwungtuch aus der Kiste holen, alle Kinder nehmen darum verteilt Platz und schwingen das Schwungtuch zum Piratenlied (s. S. 89)*

WIR SEGELN IM DUNKELN

EIN KLEINES BEWEGUNGSSPIEL

Wir segeln im Dunkeln und im Hellen	*Augen mit einer Hand zuhalten, wieder öffnen*
auf des Meeres wilden Wellen,	*mit einer Hand eine Wellenbewegung vor dem Körper machen*
denn dort sind wir zuhaus,	*mit beiden Händen ein Dach formen*
da kennen wir uns aus.	*Arme seitlich ausstrecken, Gewicht von einem Fuß auf den anderen verlagern*

DER ACHTER-KNOTEN

EINE KLEINE FINGERÜBUNG FÜR DIE FEINMOTORIK

Material: 1 Sisalseil oder Kletterseil oder auch nur ein dickerer Wollfaden

Wer ein echter Pirat sein will, muss natürlich einen Achterknoten knoten können. Dieser ist ganz einfach.

Hierzu fassen Rechtshänder das Seil in der Mitte mit der linken Hand, so dass beide Seilenden lang nach unten hängen.
Die rechte Hand nimmt die rechte Seilhälfte (vom Blick des Kindes aus gesehen) und legt diese vorne über die linke Seilhälfte. Anschließend führt sie das Seil hinten herum zurück.
Nun wird das Seilende mit der rechten Hand durch die entstandene oberste Schlaufe hindurchgeführt.
Beide Seilenden auseinander – und den Knoten damit festziehen.
Dieser Knoten wird übrigens auch beim Klettern in der Halle oder im Park verwendet.

IM URWALD

Im Urwald ist es niemals still,
weil ständig sich was regen will.
Man hört die Affen schreien
und dazu auch Papageien.
Hört, wie die Elefanten trompeten
und wie sie Äste niedertreten.
Hört, wie die Moskitos summen,
und irgendwo hört man es brummen.
Ein Tukan knackt sich ganz laut Nüsse
und leise rauschen kleine Flüsse.
Oft gibt es hier auch Regenwetter,
dann trommelt Wasser auf die Blätter.

IM URWALD IST WAS LOS

EIN LIED

Text: Elke Gulden, Bettina Scheer, Musik: Ralf Kiwit

Aufstellung: Alle Kinder stehen frei im Raum.

Refrain:
Im Urwald ist was los, – los, los, los. … *durch den Raum gehen, vor den Wortwiederholungen stehen bleiben und dreimal im Rhythmus in die Hände klatschen.*
Da gibt es viele Tiere, glaubt mirs bloß, bloß, bloß.
Jedes ist aktiv, wenn es mag, mag, mag,
das eine in der Nacht, das andre am Tag, Tag, Tag.

1. Strophe
Tiger schleichen um die Bäume, … *durch den Raum schleichen*
steigen sacht von Ast zu Ast,
und sind sie vom Schleichen müde,
machen sie dort eine Rast.

Refrain:
Im Urwald ist was los ... … *siehe oben*

2. Strophe
Affen schwingen sich durch die Bäume, … *Seitgalopp durch den Raum*
hangeln sich von Ast zu Ast,
und sind sie vom Hangeln müde,
machen sie dort eine Rast.

Refrain:
Im Urwald ist was los ... … *siehe oben*

3. Strophe
Schlangen schlängeln sich durch die Bäume, … *Kreuzschritte durch den Raum*
winden sich von Ast zu Ast,
und sind sie vom Schlängeln müde,
machen sie dort eine Rast.

Refrain:
Im Urwald ist was los ... … *siehe oben*

4. Strophe

Vögel fliegen durch die Bäume,	*auf Zehenspitzen durch den Raum tippeln, dabei Flugbewegungen mit den Armen*
hüpfen dort von Ast zu Ast,	
und sind sie vom Fliegen müde,	
machen sie dort eine Rast.	

Refrain:

Im Urwald ist was los …	*siehe oben*

5. Strophe

Spinnen weben sich durch die Bäume,	*Krebsgang*
krabbeln dort von Ast zu Ast,	
und sind sie vom Krabbeln müde,	
machen sie dort eine Rast.	

Refrain:

Im Urwald ist was los …	*siehe oben*
Darum ist es im Urwald niemals still, still, still,	*durch den Raum tanzen*
weil jeder sich bewegt, wie er grade will.	*am Ende in die Hocke gehen*

DAS STEPPTANZ-BLAU-BEER-KROKODIL

EIN KLATSCHSPIEL

Das	
Stepptanz-	*rechts stampfen*
Blaubeer-	*links stampfen*
Krokodil,	*3× in die Hände klatschen*
hält vom	*rechts stampfen*
Jagen	*links stampfen*

nicht	*auf die Oberschenkel patschen*
sehr	*in die Hände klatschen*
viel.	*schnipsen*

Lieber	*rechts stampfen*
tanzt es	*links stampfen*
kreuz und quer,	*3× in die Hände klatschen*
die andern	*rechts stampfen*
Tiere	*links stampfen*
mö-	*auf die Oberschenkel patschen*
gen's	*in die Hände klatschen*
sehr.	*schnipsen*

Denn wenn es	*rechts stampfen*
tanzt, dann	*links stampfen*
jagt es nicht	*3× in die Hände klatschen*
und trotzdem	*rechts stampfen*
hält es	*links stampfen*
sein	*auf die Oberschenkel patschen*
Ge-	*in die Hände klatschen*
wicht.	*schnipsen*

Und wenn es	*rechts stampfen*
dann mal	*links stampfen*
Hunger hat,	*3× in die Hände klatschen*
dann frisst es	*rechts stampfen*
sich an	*links stampfen*
Blau-	*auf die Oberschenkel patschen*
beer'n	*in die Hände klatschen*
satt.	*schnipsen*

DIE DSCHUNGEL-BAND

EINE KLEINE KLANG-GESCHICHTE

Instrumente: Glöckchen, Glockenspiel, Maracas, Triangel, Handtrommeln

Die Dschungelband macht sich grad schick, ... *Glöckchen*
denn sie hat heute einen Gig*. ... *alle Instrumente*
Sie haben wochenlang geprobt ... *Glockenspiel aufwärts*
und hör'n jetzt wie die Menge tobt. ... *Maracas*

Von Lampenfieber keine Spur, ... *Triangel*
gleich geht es los, sagt ihre Uhr. ... *Glockenspiel aufwärts*
Sie stürmen auf die Bühne raus, ... *Handtrommeln*
es tönt begeisterter Applaus. ... *Maracas*

Schnell verbeugt ... *Glockenspiel abwärts*
und auch gewinkt, ... *Handtrommel reiben*
hört, wie die Musik erklingt. ... *Triangel*

* Gig (engl.) = Auftritt bei einem Pop- oder Jazzkonzert

IM DSCHUNGEL STEHEN VIELE BÄUME

EIN GESTEN- UND BEWEGUNGSSPIEL

Im Dschungel stehen viele Bäume. *eine Baumkrone darstellen*
schenken Tieren schöne Träume. *Schlafgeste*
Sie träumen
darauf, *Arme über den Kopf strecken*
darunter, *Arme nach unten strecken*
dahinter, *Arme nach hinten strecken*
davor, *Arme nach vorne strecken*
früh morgens kommen sie wieder hervor. *Schleichbewegung mit den Armen*

Ein Affe hängt nachts in seiner Matte, *einen Affen darstellen*
träumt, dass er 'ne Banane hatte. *Schlafgeste*
Er sucht sie
darauf, *Arme über den Kopf strecken*
darunter, *Arme nach unten strecken*
dahinter, *Arme nach hinten strecken*
davor, *Arme nach vorne strecken*
früh morgens kommt er wieder hervor. *Kletterbewegung*

Das Faultier schläft auf einem Ast. *einen dicken Bauch darstellen*
träumt, dass es das Dschungelfest verpasst. *Schlafgeste*
Hat geschlafen
darauf, *Arme über den Kopf strecken*
darunter, *Arme nach unten strecken*
dahinter, *Arme nach hinten strecken*
davor, *Arme nach vorne strecken*
früh morgens kommt es wieder hervor. *Sonnenarmbewegung*

IM WELTALL

Das Universum ist unendlich groß,
es ist ganz einfach grenzenlos.
Zu sehen sind ganz viele Sterne,
sie leuchten zu uns aus weiter Ferne.
Im Sonnensystem steht ein Feuerball,
das ist die Sonne – klarer Fall.
Um sie drehn sich die acht Planeten,
die wir mit Weltallflugraketen
erforschen und erkunden,
doch bislang wurde noch kein weiteres Leben gefunden.
Um unsere Erde dreht sich ein Mond,
doch wir wissen, dass auch dort gar niemand wohnt.

DAS WELTALL IST SO WUNDERBAR

EIN LIED

Text: Elke Gulden, Bettina Scheer, Musik: Ralf Kiwit

Aufstellung: Alle Kinder stehen frei im Raum.

Refrain:

Wir steigen in das Raumschiff ein — *In die Hocke gehen*

und schnallen uns gut an. — *die rechte Hand von der linken Schulter zur rechten Hüfte führen*

Dann startet die Rakete — *aufstehen, dabei einen Arm lang diagonal nach vorne oben, den anderen entsprechend nach hinten strecken, die Hände sind zu Fäusten geballt*

und wir sehen uns das Weltall an. *(Fluggeräusch)* — *in die Standwaage gehen, Position versuchen zu halten*

1. Strophe

Heiße Sonnen gibt es da,	*Arme senkrecht lang über den Kopf strecken und in einer Halbkreisbewegung über die Seiten nach unten führen*
das Weltall ist so wunderbar.	*durch den Raum fliegen, dabei wieder einen Arm nach vorne, den anderen nach hinten strecken, Fäuste ballen, am Ende der Zeile stehenbleiben und warten, bis der Gesang von Neuem einsetzt*

Refrain:

Wir steigen in das Raumschiff ein ...	*siehe oben*

2. Strophe

Heiße Sonnen,	*siehe oben*
kalte Monde gibt es da,	*Hände überkreuz an den Oberarmen reiben*
das Weltall ist so wunderbar.	*siehe oben*

Refrain:

Wir steigen in das Raumschiff ein ...	*siehe oben*

3. Strophe

Heiße Sonnen, kalte Monde,	*siehe oben*
helle Sterne gibt es da,	*Handgelenke in Stirnhöhe kreuzen, alle Finger abspreizen*
das Weltall ist so wunderbar.	*siehe oben*

Refrain:

Wir steigen in das Raumschiff ein ...	*siehe oben*

4. Strophe

Heiße Sonnen, kalte Monde,	*siehe oben*
helle Sterne,	
schwarze Löcher gibt es da,	*Hände vor die Augen halten*
das Weltall ist so wunderbar.	*siehe oben*

Refrain:
Wir steigen in das Raumschiff ein ... *siehe oben*

5. Strophe
Heiße Sonnen, kalte Monde, *siehe oben*
helle Sterne, schwarze Löcher,
große Planeten gibt es da, *mit den Armen einen „dicken Bauch" zeigen*
das Weltall ist so wunderbar. *siehe oben*

Refrain:
Wir steigen in das Raumschiff ein ... *siehe oben*

6. Strophe
Heiße Sonnen, kalte Monde, *siehe oben*
helle Sterne, schwarze Löcher,
große Planeten,
Zwergplaneten gibt es da, *mit Daumen und Zeigefinger „klein" zeigen*
das Weltall ist so wunderbar. *siehe oben*

Refrain:
Wir steigen in das Raumschiff ein ... *siehe oben*

7. Strophe
Heiße Sonnen, kalte Monde, *siehe oben*
helle Sterne, schwarze Löcher,
große Planeten, Zwergplaneten,
Meteoriten gibt es da, *einen Arm im rechten Winkel nach oben heben, den anderen entsprechend nach unten beugen, die Finger spreizen*
das Weltall ist so wunderbar. *siehe oben*

Refrain:
Wir steigen in das Raumschiff ein ... *siehe oben*

8. Strophe

Heiße Sonnen, kalte Monde, *siehe oben*
helle Sterne, schwarze Löcher,
große Planeten, Zwergplaneten,
Meteoriten,
Satelliten gibt es da, *Richtungswechsel der Arme*
das Weltall ist so wunderbar. *siehe oben*

MEIN KLEINES GRÜNES APFELRAUMSCHIFF

EIN KLEINER BEWEGUNGSVERS

Aufstellung: Alle Kinder stehen hintereinander in einem großen Kreis, ihre rechten Hände liegen jeweils auf der rechten Schulter des Vordermannes, ihre linken Hände sind in der Hüfte eingestützt.

Mit meinem kleinen grünen Apfelraumschiff *im Kreis gehen*
flieg ich ganz schnell los.
Mein kleines grünes Apfelraumschiff
finde ich grandios.

Ich flieg mal hoch, *stehen, Gesicht in die Kreismitte drehen, Arme senkrecht lang nach oben strecken*
ich flieg mal tief, *in die Hocke gehen*
ich flieg mal grad *aufstehen, Arme parallel zum Boden in Schulterhöhe seitlich lang ausstrecken*
und auch mal schief. *Oberkörper zu einer Seite beugen*

Mit meinem kleinen grünen Apfelraumschiff *wieder im Kreis aufstellen, dieses Mal in die*
flieg ich ganz schnell los. *andere Richtung, die linken Hände liegen*

Mein kleines grünes Apfelraumschiff, finde ich grandios. — *jeweils auf den linken Schultern des Vordermanns, die rechten Hände sind in der Hüfte eingestützt, im Kreis gehen*

Jetzt geb ich einmal richtig Gas, denn schnelles Tempo macht mir Spaß. — *Gesicht zur Mitte drehen, in die Mitte gehen, umdrehen und schnell kreuz und quer durch den Raum rennen*

RAUMSCHIFFSTART

EIN KLEINES FINGER-/STIMMSPIEL

Seht euch mal mein Raumschiff an, — *eine offene Handinnenfläche vor dem Körper zeigen*
mit dem ich überallhin fliegen kann.
Kommt doch mit, steigt alle ein, — *mit dem Zeigefinger der anderen Hand über die ausgestreckten Finger von der Kuppe zur Hand fahren*
dann fahren wir die Brücken rein. — *Finger einzeln in die Handfläche knicken*
Passt auf, jetzt ist es gleich soweit, — *Faust erzittern lassen*
wir sind direkt zum Start bereit:
„ooouuuaaa“! — *in ganz tiefer Stimmlage starten und den Ton während des Vokalwechsels immer höher bringen, dabei die Faust langsam ein wenig heben und am Ende mit einer schnellen Bewegung über den Kopf nach hinten davonfliegen lassen*

STERNE

EINE KLEINE KLANG-GESCHICHTE

Instrumente: Glöckchen

Nachts, im stockfinsteren Dunkeln	*Stille*
seh'n wir leuchtende Sterne funkeln.	*alle Glöckchen*
Sie glänzen hier, sie funkeln da,	*Glöckchen, vereinzelt**
sie strahlen einfach wunderbar.	*alle*

* Die Erzieherin fordert per Handzeichen einzelne Kinder zum Spielen auf.

SONNE, MOND UND ERDE

EIN MUSIKSTOPPSPIEL

Material: 1 Reifen für jedes Kind, CD-Spieler, Laufmusik (ca. 160–180 bpm)

Alle Reifen werden auf dem Boden verteilt. Sie stellen die Sonnen dar.
Während die Musik zu hören ist, laufen die Kinder frei durch den Raum, ohne dabei die Sonnen zu berühren.
Stoppt die Musik, ruft die Erzieherin einen der drei Himmelskörper in den Raum und jedes Kind sucht sich so schnell wie möglich einen Reifen.

Bei „Sonne" geht jedes Kind in seiner Reifenmitte in die Hocke.
Bei „Erde" balanciert jedes Kind auf seinem Reifenrand entlang.
Beim „Mond" dreht sich jedes Kind neben seinem Reifen um sich selbst und versucht dabei gleichzeitig auch noch um seine Sonne zu gehen.

PAPA, MEIN BESTER FREUND

Mein Papa ist ein Supermann,
der wirklich einfach alles kann.
Er kennt sich überall gut aus,
repariert einfach alles bei uns im Haus.
Auch rund ums Auto weiß er gut Bescheid,
das ist für ihn 'ne Kleinigkeit.
Dazu ist er so stark wie ein riesengroßer Bär,
trägt mich, wenn es sein muss, kilometerweit umher.
Auf meinen Papa ist total Verlass,
mein Papa ist echt richtig krass.

PAPA IST MEIN GROSSER HELD

EIN LIED

Text: Elke Gulden, Bettina Scheer, Musik: Ralf Kiwit

Aufstellung: Alle Kinder stehen frei im Raum.

Refrain:
Papa ist mein großer Held, ……… *Luftgitarre spielen, dabei den Oberkörper in Zeile 1 und 3 leicht nach vorne beugen, in Zeile 2 und 4 leicht nach hinten beugen*
Papa macht mit mir, was mir gefällt.
Ist Papa da, ruf ich laut „Hurra,
mein Papa ist der beste der Welt!“

1. Strophe
Sind wir am Samstag aufgewacht, ……… *frei durch den Raum hüpfen*
kommt zuerst ’ne Kissenschlacht.
Dann nimmt er mich gleich huckepack,
zum Frühstück geht es dann schnurstracks.

Refrain:
Papa ist mein großer Held, … ……… *siehe oben*

2. Strophe
Zum Baumarkt fahren wir sogleich, ……… *siehe 1. Strophe*
das ist das schönste Königreich.
Zuhause hämmern wir zu zweit,
hör’n nicht auf bis zur Mittagszeit.

Refrain:
Papa ist mein großer Held, … ……… *siehe oben*

3. Strophe
Autowaschen muss heut sein, *siehe 1. Strophe*
mit Seife, Wasser blitzt es rein.
Doch, was ist das, ich glaub es nicht,
Papa wirft mir den Schwamm ins Gesicht.

Refrain:
Papa ist mein großer Held, ... *siehe oben*

4. Strophe
Wir machen eine Fahrradtour, *siehe 1. Strophe*
genießen dabei die Natur.
Zelt und Schlafsack hab'n wir mitgebracht
und so verbringen wir die Nacht.

B-Teil
Und wenn ich mal traurig bin, *langsam durch den Raum gehen*
dann setzt sich Papa zu mir hin,
er bleibt bei mir und hört mir zu.
Schnell bin ich wieder froh, juchhu!

Refrain:
Papa ist mein großer Held, ... *siehe oben*

An dieser Stelle möchten wir darauf hinweisen, dass wir uns durchaus der traurigen Tatsache bewusst sind, dass leider nicht jedes Kind eine ungetrübte Beziehung zu seinem Vater hat. Nach langem Überlegen haben wir uns trotzdem dazu entschieden, den vielen tollen Papas dieser Welt ein Kapitel zu widmen, da die Beziehung zwischen Jungen und Vätern eine ganz besondere ist und die Väter oftmals zu kurz kommen.
Wir möchten Sie jedoch bei der Umsetzung dieses Themas darum bitten, die familiären Hintergründe der Ihnen anvertrauten Kinder zu berücksichtigen. Einige der Inhalte lassen sich beispielsweise leicht abwandeln, in dem der Papa durch den Opa oder allgemein einen Mann ersetzt wird.

DIE RASUR

EIN KLEINES KÖRPERWAHRNEHMUNGSSPIEL

Jeden Morgen in unserem Bad rasiert sich mein Papa seinen Bart.	*Daumen an die rechte Wange legen, Zeige- und Mittelfinger der gleichen Hand an die andere Wange legen. Mit den Fingern auf und ab über die Wangen streichen*
Zuerst kommt jede Menge Schaum aufs Kinn,	*mit der Außenfläche einer Hand im Wechsel über beide Wange streichen*
dann schaut er im Spiegel ganz genau hin.	*die Handinnenfläche dieser Hand als Spiegel vor das Gesicht halten*
Denn nun setzt er den Rasierer an. Die Haare sollen ab, doch die Haut bleibt dran.	*mit den zusammengelegten Kuppen des Zeige- und Mittelfingers senkrecht die Wangen von innen nach außen abfahren, dabei von oben nach unten streichen*
Jetzt vor allem nur nicht lachen oder andere dumme Sachen machen. Voll konzentriert ist er bei der Rasur, dann hat er's geschafft, natürlich mit Bravour.	*sehr ernst schauen, aufrecht sitzen*
Völlig glatt ist jetzt sein Gesicht, so kratzt es beim Kuscheln ganz bestimmt nicht.	*beide Handinnenflächen an die Wangen legen*

VARIANTE

Material: Rasierschaum, 1 Spatel für jedes Kind

Besonders spannend wird es, wenn an einem Tag richtiger Rasierschaum zum Einsatz kommen darf. Hierfür jedem Kind einen Klecks Rasierschaum auf eine Handfläche geben, den die Kinder kurz verreiben und dann auf die Wangen auftragen. Am Besten sitzen die Kinder hierfür vor einem großen Spiegel. Anschließend wird der Schaum wie bei einer Rasur abgenommen. Dafür benötigt jedes Kind einen Gegenstand, der eine gerade, aber nicht scharfe Kante hat, beispielsweise einen kleinen Mundspatel, wie ihn der Arzt verwendet, wenn er einem in den Hals sieht.

MIT MEINEM PAPA

EINE KLEINE KLANG-GESCHICHTE

Instrumente: Glockenspiel, 2 Klangstäbe im tonalen Abstand einer Oktave, Reco-Guiro, Kazoo, Fingercymbeln

Mit meinem Papa geh ich klettern,	*Glockenspiel nach oben spielen*
manchmal sind wir auch in einem Buch am Blättern.	*Klangstäbe abwechselnd spielen*
Mit meinem Papa kann ich Stöcke schnitzen	*Reco-Guiro*
und durch Wald und Büsche flitzen.	*Glockenspiel, mit dem Schlegel über das Instrument gleiten, nach oben und nach unten*
Mit meinem Papa spiel ich Autorennen	*Kazoo*
und darf auch mal ein Schimpfwort nennen.	*„Psst!“, mit verschmitztem Blick der Erzieherin*
Mein Papa nimmt mich manchmal Huckepack,	*Fingercymbeln*
das ist genau nach meinem Geschmack.	*alle*

DIE CARRERABAHN

EIN BEWEGUNGSSPIEL

Material: Pylonen, Kästen, Langbänke

Im Bewegungsraum wird ein Parcours aufgebaut, in dem die Kinder so schnell wie möglich ihre Runden drehen. Dabei geht es im Slalom um die Hindernisse herum.

MEIN PAPA IST COOL

EIN KLEINES KLATSCHSPIEL FÜR ZWEI MIT RHYTHMISCHER RAFFINESSE

Aufstellung: Jedes Kind steht einem Partnerkind gegenüber.

Mein ……… *1× auf die eigenen Oberschenkel patschen*
Papa ……… *2× schnell hintereinander in die Hände klatschen*
ist ……… *1× in Brusthöhe gleichzeitig rechts und links die Finger schnipsen*
cool, ……… *1× in Brusthöhe gegen die Hände des Partners klatschen*

mein Papa ist toll, ……… *Wiederholung der Sequenz*

mein ……… *1× auf die eigenen Oberschenkel patschen*
Paps ist ……… *2× in die Hände klatschen, aber nicht schnell*
einfach ……… *2× die Finger schnipsen*
wundervoll. ……… *3× gegen die Hände des Partners klatschen*

EIN GEDICHT ZUM VATERTAG

EINE BASTELANLEITUNG

Material: etwas stärkeres weißes Papier (ca. 160 g, ca. DIN A5 groß), Vorlagenkopien auf farbigem Papier, Scheren, Buntstifte, evtl. 1 Cutter

Vorbereitung: Die Gedichtvorlage (S. 117) wird für jedes Kind auf ein Blatt farbiges Papier kopiert.
Natürlich kann auch auf weißes Papier kopiert werden und die Kinder malen den Rahmen farbig aus. Bei dieser Variante kann das stärkere Papier für die Doppelkarte dann farbig sein.

Während die Kinder das Gedicht entlang des Rahmens ausschneiden, knicken Sie für die Kleinen das weiße Papier vor, so dass eine Doppelkarte entsteht. Idealerweise schneiden Sie dazu das Papier auf der Rückseite mit einem Cutter an, so erzielen Sie eine saubere Knickkante.
Nun klebt jedes Kind sein Gedicht in seine Karte und verziert die zweite, noch leere Innenseite mit einem Buntstiftbild.

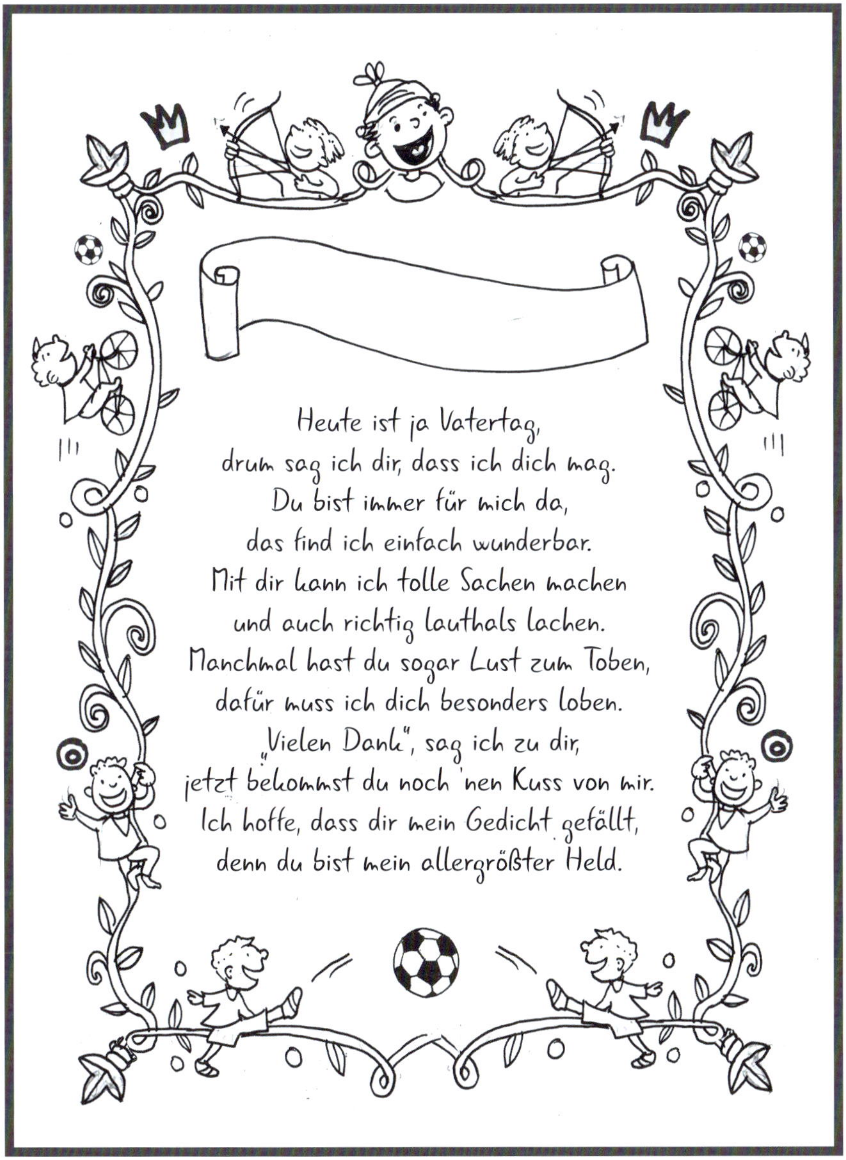
Heute ist ja Vatertag,
drum sag ich dir, dass ich dich mag.
Du bist immer für mich da,
das find ich einfach wunderbar.
Mit dir kann ich tolle Sachen machen
und auch richtig lauthals lachen.
Manchmal hast du sogar Lust zum Toben,
dafür muss ich dich besonders loben.
„Vielen Dank“, sag ich zu dir,
jetzt bekommst du noch 'nen Kuss von mir.
Ich hoffe, dass dir mein Gedicht gefällt,
denn du bist mein allergrößter Held.

Weitere Titel von den Autorinnen

112 Seiten, kartoniert, S/W-Illustrationen,
Notensatz, inkl. Musik-CD
ISBN 978-3-7698-1954-0

108 Seiten, kartoniert,
S/W-Illustrationen
ISBN 978-3-7698-1980-9

120 Seiten, Spiralbindung, S/W-Illustrationen,
inkl. Downloadcode für Mandalas
ISBN 978-3-7698-1956-4

96 Seiten, kartoniert, S/W-Illustrationen,
Notensatz
ISBN 978-3-7698-1772-0

www.donbosco-medien.de

DON BOSCO

LEBENDIG. KREATIV. PRAXISNAH.

Don Bosco –
Kompetenz für Kita und Grundschule

120 Seiten, Spiralbindung, Farbfotos
ISBN 978-3-7698-2094-2

96 Seiten, kartoniert, S/W-Illustrationen
ISBN 978-3-7698-2093-5

120 Seiten, kartoniert, farbige Illustrationen
ISBN 978-3-7698-1968-7

120 Seiten, kartoniert, S/W-Illustrationen
ISBN 978-3-7698-1965-6

www.donbosco-medien.de

DON BOSCO

LEBENDIG. KREATIV. PRAXISNAH.